時を重ねる家。

古い家を直して、育てる。
あたたかな暮らし

はじめに

「住の多様性」。

住まいは、単に食べて寝るための装置ではなく、人生の基盤。
幸せな記憶を重ねる場所としてのあり方が、求められるようになりました。
画一的でもいいから新築に、という時代は終わりに差しかかり、
住まい方、暮らし方の幅が広がってきています。

「古びをスタイルに」。

古家のリノベーションは、個性的な住スタイルのひとつとして、
今や当たり前の選択肢になりました。
古いものや過去の時代性に美を見出す価値観は、
それぞれのセンスで磨き込むことで、個性とスタイルに昇華されます。

「もったいないの心」。

まだまだ住めるのに、壊してしまうのは惜しい。なんとか生かせないか。
そんな気持ちで古い家を見られたら、新築では決して得られない味わい深さを発見し
好立地に広い家を手に入れられるチャンスが広がります。
住みこなすのが大変な側面も、たしかにあるでしょう。
でも事情にあった適切なリノベーションで、快適性をつくることは可能です。

「手間を慈しむ暮らし」。

古さからくるちょっとした不便さは、新築の家では得られない
さまざまな気づきをもたらすことでしょう。
不便さに寄り添って家に手をかけることで愛着が育ち、
日々に彩りを添えてくれるかもしれません。
「古さを育て続ける」。そんなスタンスの暮らし方は、実に豊かではありませんか。

「これからの住まい方」。

地球規模でサステイナビリティが求められる今、
価値ある住宅ストックに手を入れて住み続けることや、
価値の薄かった建物に付加価値をつけて生きながらえさせることは、
ますます重要性を増していきます。

本書では、築20年程度の中古物件から、いわゆる古民家といわれるものまで、
幅広くリノベーションの事例を取り上げました。
自由な発想でつくりあげた14の暮らしの舞台を垣間見つつ、
それぞれが唯一無二の、幸せのかたちであることを感じ取っていただければ幸いです。

時を重ねる家。

古い家を直して、育てる。
あたたかな暮らし

contents

写真／奥田正治
取材・文／松川絵里
デザイン／藤田康平（Barber）
DTP／福本蓮美
間取りイラスト／ハマモトヒロキ
編集／別府美絹（エクスナレッジ）
印刷／図書印刷

CASE NO. 1

静かな土地を求めて たどり着いたのは 北欧家具と調和する 築70年超の小さな家

若き夫婦が、白紙から生きる場所に決めた鎌倉。
一度リノベーションされた形跡のある小さな家は、
古い梁や階段を生かして再構成。
庭を再生して風や水の流れを整え、
暮らしやすく長持ちする家へ。

（神奈川県　原田邸）

出窓のソファ・コーナーをせり出させたダイニング。エクステンションテーブル（デンマークのビンテージ）にドムスチェアを合わせて。照明はイサム・ノグチ。中央引き戸の奥が寝室。

上／リビングには庭のモミジを見るためのコーナー窓を。壁のニッチはテレビを収めるためにつくったが、テレビは置かず絵を飾るスペースになった。
下／今はソファより、赤ちゃんに合わせて床に座ってくつろぐことが多い。左手板張りの部分は、台風に備えて付けた雨戸の戸袋。

隅を曲面にしたリビングの壁には、視線の流れをつくって窓へと向かわせる効果が。窓上でカーテンボックスと一体になる練られたデザイン。丸太のままの梁が素朴さを添えている。椅子はイルム・ヴィッケルソー。

上／アイランドキッチンとダイニング。小屋裏の三角形の空間＋梁がここでも魅力を発揮。１階は塗装壁、床は国産のカラマツ。

左頁右上／アイランドキッチンは作業中の様子がダイニングやリビングから見えないように、ラワンの木目を生かした立ち上がり壁を設けた。壁の飾り棚には好きなワインのボトルやグラスを並べて。

右下／セパレート型キッチンで、コンロは背面に配置。間のスペースにゆとりがあるので、料理好きな夫妻が二人で調理してもぶつからない余裕がある。

左上／キッチンからは、整備して木を植えた東側の庭が正面に見える。新たにつくったニッチのようなソファ・コーナーでは窓枠を見せず、側面と上面に光を反射させて光を増幅。

左下／リビングのフロアライトはflame。室内照明は控えめにして、適宜置き型の照明器具で補う。曲面の壁が隅にたまりがちな陰を払い、柔らかな明るさが広がる。

BEFORE

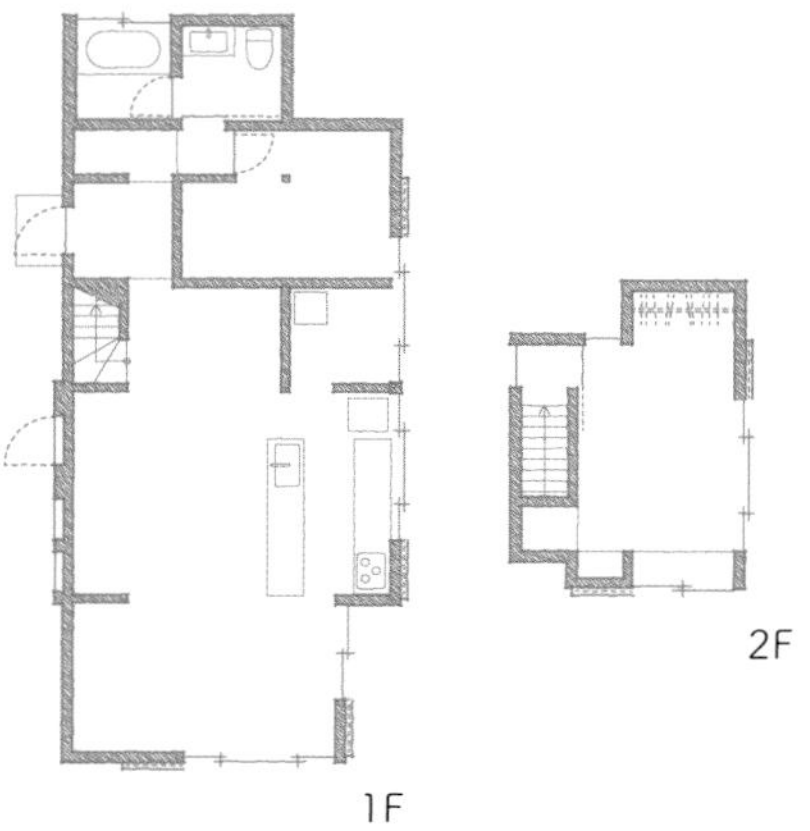

CASE NO. **1**

原田邸

延床面積：81.46㎡

1階：65.32㎡ 2階：16.14㎡

家族構成：夫婦＋子1人

建築年：1947年ころ

改修竣工：2021年

設計：柴 秋路／akimichi design

施工：遠山工務店

AFTER

将来的には1階のみで暮らしが完結できるよう、寝室を1階に。ダイニングとクロゼットへ、2方向にアクセスできる回遊動線をつくった。

もっとも奥まった場所にあるリビングからは、前庭の四季の景色を楽しめる。低めのコーナー窓を設けて開放感を出した。

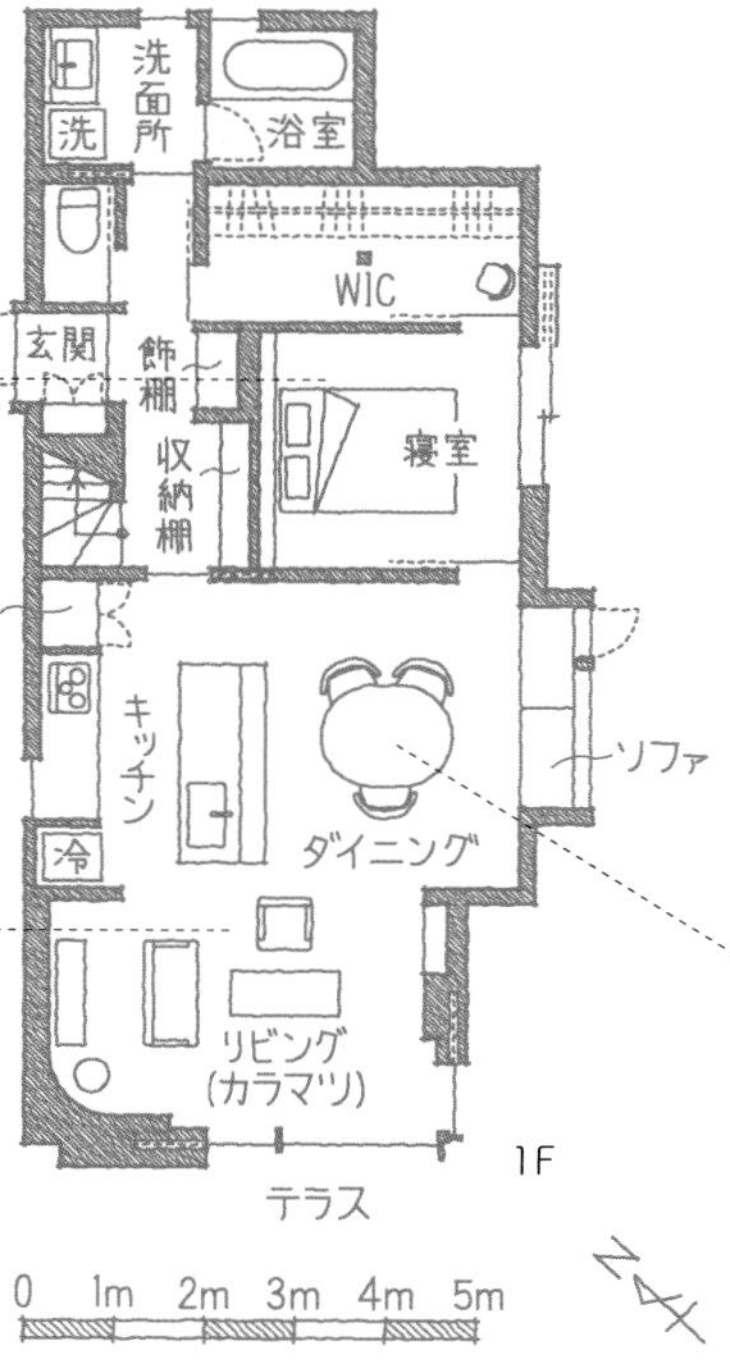

子ども部屋は壁・天井のクロスを張り替え、床を白く塗装した。ブラウンだった既存サッシの枠をホワイトに塗り替え、スイッチプレートも交換。

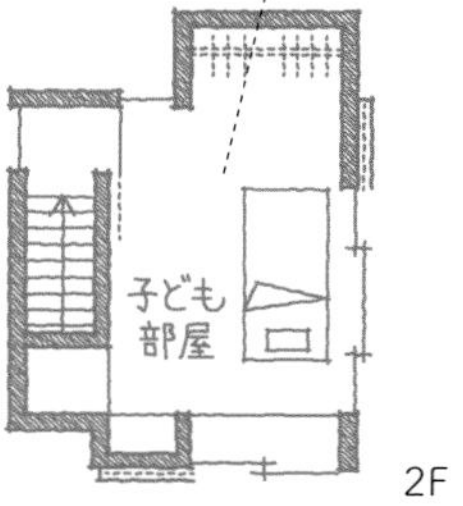

キッチンは、庭が見えるアイランド側にシンクを設置。出窓のようなソファ・コーナーを増築してゆとりを確保し、居場所を増やした。

子どもが寝ている間、ここで本を読むのは
ホッとできるひととき。

敷地に一歩踏み入れば
静寂と緑に包まれる
隠れ家のような住まい

北鎌倉駅から徒歩数分。駅前の喧騒を逃れ山道のような急勾配の細道を上がる。息が切れた頃、木々の向こうにひっそりと建つ白い家が見えてくる。両脇の草花を愛でながら、細くカーブするアプローチを進むと、ようやく慎ましやかな玄関が現れる。谷筋の細長い土地で日当たりにさほど恵まれていないが、壁・天井を白一色で仕上げたリビングは柔らかな光に満たされている。フィン・ユールやアアルトなど北欧のデザイナーから影響を受けた夫が選んだ、ビンテージの家具。見上げると古民家らしい梁が少しだけ顔を出すが、おしろいのように薄く白い塗装が施され主張は控えめだ。

原田さん夫妻は、若干20代でマイホームを手に入れた。ふたりとも、全国どこでも仕事を得られる職種。その強みを生かして、別荘地を含む広範囲で静かに暮らせる場所を模索したという。結果的には、妻の実家に近い鎌倉でこの家を選んだ。「新築・中古どちらでもよかったので、数年かけて土地や古家付き物件を見ていました。ここは築70年以上でしたが前の持ち主にリノベーションされていたので、これなら住めそうだとイメージが湧いて。魅力を感じた梁と階段を生かしつつ、自分たちなりに手を加えて住むことにしました」(夫)。

左／庭に植えたレモンやザクロ、ラズベリーなどが実をつける日が待ちどおしい。
右／大小２つの切妻屋根が愛らしい。２階が小さいので上への開放感がある。

設計を任せることにしたのは、建築家の柴秋路《あきみち》さん。柴さんが最初にここを訪れたとき、注目したのは建物のかたちだった。「この家のいいところは、1階と2階のバランスです。2階が小さくてほとんど平屋なので、庭に立って見上げたときに空が広く開放感があって。軒の出や窓の配置も程よく、内部もよくできそうだな、という手応えがありました」。詳しい図面は残されていなかったため、現況を把握するため隅々まで寸法を測り直し、図面を起こすところからが設計の仕事となった。

各部屋の基本的な位置は変えていないが、住み心地はかなり変化したはずだ。リビングにＦＩＸのコーナー窓を設けたのは、庭の大きなモミジの木に視線を集めるため。あまり生かされていなかった東側の通路のような庭を整え、ダイニングやキッチンから眺める景観として利用。ベンチタイプのソファ・コーナーをせり出させ、70㎝ほど奥行きをプラスしたことが、広がりをもたらしている。

鎌倉の家につきものの悩み「湿気」にも対応する必要があった。ここは谷筋で、山からの水がせせらぎとなって周囲を流れるような場所だ。「こういった古民家では、たいてい北側の浴室周辺がシロアリにやられているんですが、この家では北側の風通しがいいせいか無傷だったのは幸いでした。一方で、寝室やキッチンがあった東側では、土台や柱、梁にまで蟻害が見られ

左／コーヒー豆やナチュラルワインなど、口にするものにもこだわって。
右／静かな環境の住まいを得て、子育ても穏やかな気持ちでできる。

ました。庭に水が溜まりやすかったせいでしょう。土台や柱は交換せざるを得ませんでしたが、梁は、2階が小さいので少し補強する程度にとどめています」（柴さん）。

湿気対策は、間取りを再構成する上でも重要だ。納戸も含めて家の中に行き止まりをつくらず通り抜けを可能に。人が通過することで空気を動かすのが狙いだが、暮らしやすさの上でもすぐれている。

フレキシブルな生活動線をつくりつつ、基本スペックの向上にもしっかり取り組んだ。建物中央部には2階を支える新たな耐震壁を設け、メインの開口部は断熱性の高いサッシに交換。無防備だった屋根裏には断熱材を入れた。購入時は断熱性や耐震性について深く考えていなかったという夫妻だが、柴さんとのやり取りから重要性を知り、予算増加も納得して受け入れた。

引っ越し後には待望の第一子が家族に加わり、順風満帆の日々。ワインセラーを2台置くほどワイン好きの夫妻は、さっそく誕生記念にワインを購入。一緒に飲める日を夢見て大切に寝かせている。鬱そうとしていた庭は整理して果樹を植え、収穫のときを待つばかり。庭の整備とあわせ、水が滞留しがちだった土壌も改良した。これで、建物が長持ちする条件は整った。当面の目標は、庭にホタルが見られる環境をつくること。子どもと一緒にホタルを育てられる日を心待ちにしている。

2階の個室は将来の子ども部屋に。収納の扉を外して塗装。白い空間にカラフルなポスターが映える。

上右／シンプルなブラケット照明の根元に、真ちゅう管を付けるだけで質感が加わった。
左上／ブラウンだったアルミサッシの枠は、夫がホワイトに塗装。部屋に統一感が生まれ、外の緑もきれいに見える。
下／スイッチやコンセントのプレートを白いものに交換。学生時代に友達と登ったノルウェーの山の写真を飾って。

上／白い空間に梁のもたらす陰影がこの家の歴史をほんのり香らせる。
中／寝室の奥行き深い窓辺。断熱性の高い樹脂サッシを用いて、手前に格子をつけることで見た目の無骨さを和らげ雰囲気をつくった。
下／元々リノベーションされていた物件で、階段は既存がそのまま残る数少ない場所なので、補強して残すことに。使い込まれた木の艶に重ねた年月が見える。

上左・右／庇で覆った玄関ポーチの奥は自転車置場に。駐車スペースが取れない物件だったことで、立地のよさに比して割安で購入できた。
下／玄関への細長いアプローチに植栽を植えて、山の中の小路のように仕立てた。帰宅時はこの道のりでリラックスした気分に切り替わる。

CASE NO. **2**

朽ちかけた家を
手間暇かけ古家具で彩る。
豊かな自然を享受した
心穏やかな住まい

20年住む人のなかった古家の真価を見抜き、
新たな価値観で染め直したのは、リノベーションの経験と
古いものに美を見出す“目”があればこそ。
古家具店店主がつくりあげた、理想形がここにある。

（栃木県　仁平邸）

台所では、大きな窓一面を埋め尽くす緑と向き合いながら食事の支度をする。近隣の人と保存食づくりなどの共同作業をすることもあるので、ゆったりした広さを確保した。

瓦葺きの切妻屋根が美しい外観。庭には200個の大谷石を敷き詰めた。舟のようなかたちのものは、古い馬用の飼い葉桶を植木鉢に見立てた。

上／深い軒に守られた玄関ポーチ。最初に見に来たときは背の高い藪の中に埋もれていたという。
下右／玄関ドアは、最初は蔵戸を引違いにしていたが、重かったので軽い開き戸に付け替えた。鉄の取っ手はそのときに付けたもの。「仕事柄、そういう加工もすぐできるので恵まれていますね」。
下中／郵便受けに転用した古い臼は端正な佇まい。
下左／外壁の腰から下は大谷石を張った。雨が当たり漆喰壁が傷むのを防いでいる。

上／ダイニングからリビングを見たところ。壁を撤去した分、構造的には弱くなるので、既存の柱に方杖（ほうづえ）と呼ばれる添え木を加えて強化した。節のないスギ板の床はすっきりして美しい。
下／連続する掃き出し窓は、アルミサッシから古い木製窓に付け替えた。「ぴったり12枚そろうものが見つかったのは、かなりの幸運でした」。欄間も含めガラス面が大きく庭を一望できて明るい。向かい側に住宅などの建物がひとつもないので、カーテンも不要。

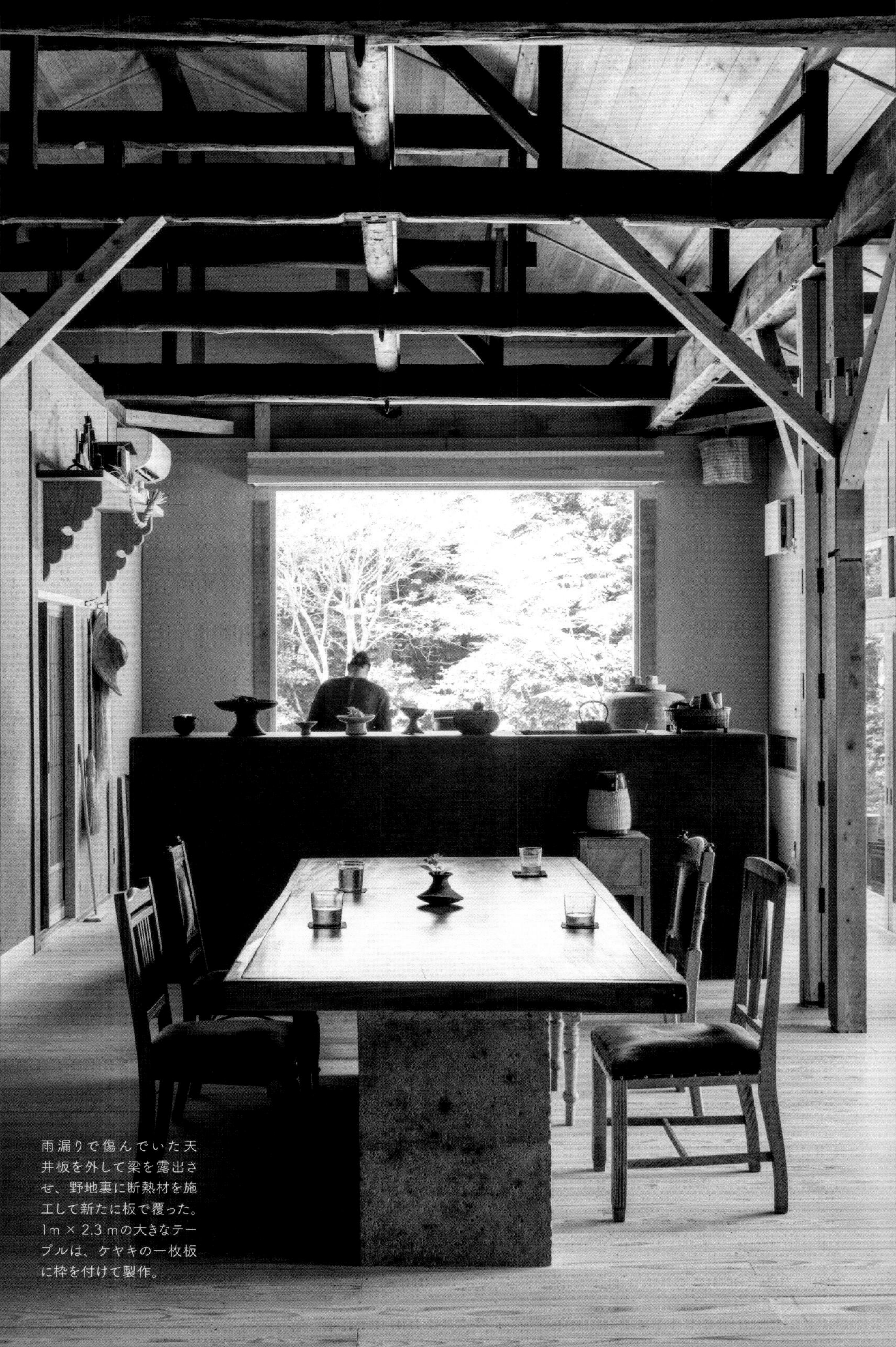

雨漏りで傷んでいた天井板を外して梁を露出させ、野地裏に断熱材を施工して新たに板で覆った。1m × 2.3 mの大きなテーブルは、ケヤキの一枚板に枠を付けて製作。

右上／正面の押入れは服の収納に。襖は立派な一枚板の板戸。
左上／洗濯物を室内で干すときに伸ばして使う。使わない時はたたんでおけばじゃまにならない。
左中／工場で使われていたらしい日本の古いスイッチプレート。ドアも古建具を仕入れて取り付けた。
下／明治時代の医療棚にはガラスものを飾って。西日本にしか出回らなかった黒い医療棚は数が少なく、ここまで状態がいいものは希少。販売せず手元に置くことに。

上／建築当時の棟札には「昭和五十四年十二月吉日　濱田篤哉建之」の文字が。
右中／薪ストーブはドイツのスキャンサーム。あえてカントリー調ではなくミニマルなデザインを選択。「夜は雨戸を閉めて断熱性を高めると過ごしやすいです」。
右下／リビングの一隅には、古い衣装箱を置いてテレビ台として使用している。
左下／テーブルの脚になっている台は、合板で箱を組み大谷石を張ったもの。天板を厚く見せるため、古い柱材の手斧《ちょうな》仕上げを生かして枠を付けた。

「台所は、みんなが気楽に出入りできる健やかな場所にしたかった」という里帆さんは、旬の野菜を中心にした料理や保存食を手をかけてつくる。「最近はミョウガの新芽を摘んできて、あんころもちを包んで蒸しました。すごくいい香りがしておいしくて」。

右上／何気ない容器も味わいのあるものが並ぶといい景色になる。

右中／ひとつのコンロを占めている巨大な壺は、焼き芋専用なのだそう。中に芋を吊るしてゆっくり加熱すると、ねっとりと甘く仕上がる。

右下／「人がたくさん来るので、食器もたくさん。陶器の町である益子に住んでいるから、土物を使いたいですよね」。

左上／窓辺には古い食器棚を並べ、食器を収納。バラした上下の食器棚の高さがピッタリ合うことは珍しいのだそう。

左中／おくどさんのようなカウンターの上は、ちょっとしたものを飾るスペースに。

左下／何かの工場で使われていたらしい作業台を調理台に。下にはボウルや鍋などを収納。

上／パントリーの木の棚は既存のものをそのまま使用。空き瓶に食材や調味料類をストックしている。
中／台所からパントリーの入り口を見たところ。立派な神棚は古いものを見つけて取り付けた。細い格子の障子戸は古建具を新たにつけたもの。
下／パントリー内部。窓際にあった古い流し台を撤去して、棚を設置。器具や容器が自然素材で統一されていて美しい。

「夫が帰ってきたときにオフになれるように、私は家を心地いい場所にすること、食事や暮らしをサポートすることに徹しています」と里帆さん。

BEFORE

改修前図面なし

CASE NO. 2

仁平邸

延床面積：約150㎡

家族構成：夫婦＋子1人

建築年：1979年

改修竣工：2020年

設計：仁平 透

施工：松本建設工業

AFTER

客間の天井と畳は交換。緑が見える西側はFIX窓にしてピクチャーウィンドウに仕立てた。

元はここが台所だったが、暗かったのでパントリーとして使うことに。漆喰壁や既存の棚など、素材がよく使えるものはそのまま利用している。

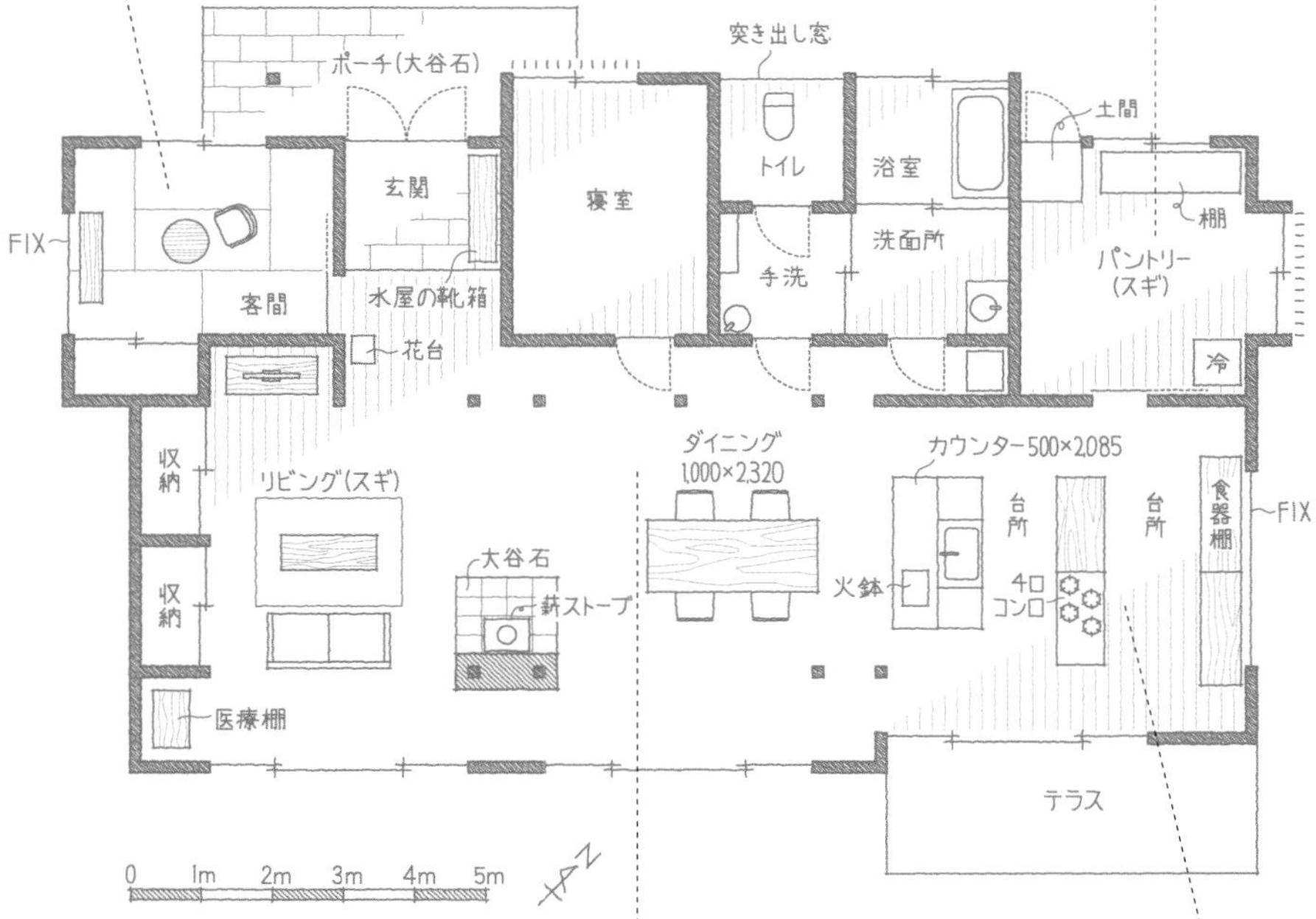

元は三室あったところを和室や押入れ、廊下、広縁の間仕切りや天井板を撤去して大空間のリビング・ダイニングに。その中央には薪ストーブを設置した。

一番明るい南東の角を台所に。カウンターに水栓を組み込んで流し台やコンロを設置。古い家具を調理台や食器棚として並べたシンプルな設備。

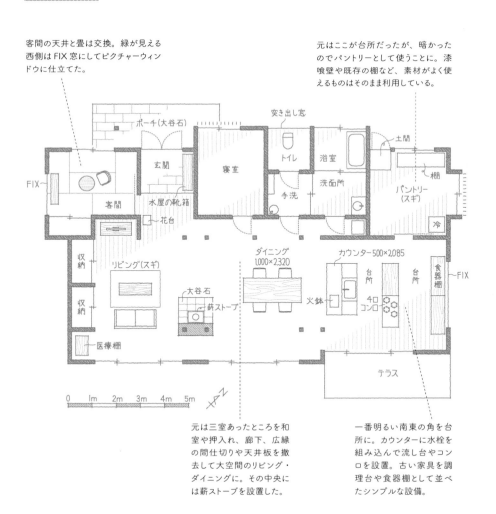

里帆さんの念願だった動物たちとの暮らし。
毎日ヤギと山を散歩して自由な時間を味わう。

古寂びた陶芸家の家に新たな命を吹き込む

細くカーブする道へと車を進め、果樹園の脇をすり抜ける。道を間違えたかと不安がかすめる頃、木立の向こうにそれらしい瓦屋根が見えてきた。「Ｐｅｊｉｔｅ」「仁平古家具店」を経営する仁平透さんと妻の里帆さん、生まれたばかりの息子の3人の住まいだ。６００坪の敷地には販売用の陶器を制作する工房が併設され、まわりには民家も電柱も見えない。

仁平さんはボロボロだった母屋を、地元で顔なじみの職人たちの力を借りてゆっくりとリノベーションした。以前も古い店舗跡などに手を入れて住んだ経験があり、これが3軒目だという。梁が現れた大きなＬＤＫの随所に、透さんのお眼鏡にかなった古家具が置かれ、窓は緑に埋め尽くされている。広い庭では鶏や山羊たちが遊び、おとぎ話のような光景だ。

物件情報をチェックするのが趣味という透さん。ある日この物件に目がとまり、興味をそそられてふらりと見に行ったのが始まりだった。土地は借地で、陶芸用の窯付きの工房が破格値で売られていた。聞けば、住まい手を失ってから20年も放置されていたという。東日本大震災の影響で屋根が崩れた住まいは廃屋とみなされ、図面にはバツ印が。藪をかき分けて玄関にたどり着くと、室内は荒れた状態だった。

「元は陶芸家・濱田庄司（昭和20年代に始まった民芸運動の担い手としても著名な陶芸家。益子を拠点に作陶を行った。）の三男の住

左／発酵させた雑穀入りのおにぎりと味噌汁、厚焼き玉子と野菜サラダのランチ。
右／漆喰塗りの真壁に切り妻の大屋根がゆったりと架かる。左の大きな窓のところが台所。

まいだと聞いています。最初は、工房の方だけでも使えればいいという心づもりでしたが、よく見ると住まいもきちんとしたつくりだとわかり、手を入れて住むのもいいなと気持ちが動きました」（透さん）。自然の中の静かな暮らしを望んでいた里帆さんは、内見の日のことをよく覚えている。「まるでお化け屋敷のようで、最初は住むなんて想像もできなくて。でも、窓から見えた向こうの森がキラキラしていて、なかなか出会えないロケーションだなと。古い建物を直した経験はあったので、夫に任せればきっと最高の住まいになるだろうと、賭けるような気持ちでした」。

屋根が壊れていたため室内には雨が侵入し、壁・床・天井がカビだらけだったが、柱に節のない上質な木材が使われているなど、元々の質の高さがうかがえた。工事は、透さんの要望を大工が図面化し、細かい点は透さんも現場に脚を運んで打ち合わせをしながら進めていった。庭に面して和室が三室並び、縁側がつく間取りは、壁・天井をぶち抜いて大きなＬＤＫに。床には幅が広く上質なスギ板を敷き詰め、壁の半分は透さんが好きな墨入り漆喰に、もう半分は里帆さんが好きな土壁に塗り分けた。引き戸やドアなどの建具は、すべて透さんが買い付けた古建具に交換。天井裏から現れた構造材は、鉄媒染液を混ぜた柿渋で黒く染め、庭に面したアルミサッシを古い木枠のガラス

左／息子のために透さんが古物市場で購入した籐のベビーベッドに里帆さんは大喜びした。
右／烏骨鶏たちも家族の一員。昼は庭で自由に過ごしている。

窓に替えると、田舎家のような風情が備わった。

里帆さんが采配をふるったのは台所。「台所が暮らしの中心であってほしい」と、日当たりのいい東南角への配置を希望した。古民家の「おくどさん」をイメージした黒漆喰塗りのカウンターでダイニングとの間を仕切る。その内部に水道栓を組み込み、業務用の流し台やコンロを設置しただけのシンプルなつくりだ。

東を向くＦＩＸの大開口は、一幅の絵のように外の緑を切り取っている。「実はこの窓には逸話があって」と透さん。元は高さ１・２ｍの腰高窓。そこに同サイズのペアガラスをはめるつもりが、うっかり70㎝も大きい寸法で注文してしまったという。届いたガラスを見て途方に暮れたが、返品は受け付けてもらえない。それならと大工に垂れ壁を壊してもらい、なんとか収めてもらった。「結果的には大成功で、逆にちょっと神がかっていたのかも」。朝日に照らし出される台所は、里帆さんの大好きな光景だ。

望んだ通りの、自然や動物に囲まれた静かな暮らし。「ここは山桜の大木に囲まれていて、桜吹雪が舞うときはほんとうにきれい。新緑の頃は景色がイキイキして天国みたいになります。雪が降るとまたよくて。私が私らしくいられる家をつくってくれた夫に、感謝しています」。

墨入り漆喰の壁に掛けられているのは、東北地方の民芸品。「祭事に使ったものではないでしょうか。珍しいものなんです」。カーテンボックス内にはロールスクリーンがあり、玄関からの隙間風を防ぎたいときに下ろす。

上／洗面台は古家具の天板をくり抜いて真ちゅうの洗面ボウルを落とし込んだもの。銅製の水栓金物にもこだわりが見える。
下／トイレの壁に張った大谷石は、微妙に凹凸をつけたのがポイント。窓は、木枠のすべり出し窓に付け替えた。

上／トイレの前室（手洗い場）。腰壁のタイルが好みではなかったので、上からモルタルを塗った。左にちらりと見えている瓶《かめ》の上に蛇口があり、手を洗う。
下／客間の天井は張り替え、畳は琉球畳に。森だけが見える西側の窓はFIXにした。「家具類は大正から昭和初期に洋館で使われていたものでしょう」。

CASE NO. **3**

新旧の対比を鮮やかに。
丁寧に雑味を取り去り
しつらえを楽しむ
贅沢な余白

気心の知れたデザイナーと美意識を共有し、
あとは思い切って委ねたリノベーション。
ロケーションのよさを抽出・洗練させ、
残した余白は季節に応じて伸縮自在に住みこなす。

（兵庫県　小菅邸）

子どもたちの実家になる家は、どんな家だったらいいのか、と考えながら築き上げたわが家。軒の深い縁側で、ねこと風に吹かれる。ここは手を加えていない部分。

右上／昔ながらの入母屋造りの屋根が、外観の特徴。瓦屋根の美しさも健在だ。右下が玄関。

右中／軒の深さは建物の寿命を伸ばし、軒下は多用途に利用できる便利なスペース。

右下／庭は造園家に頼んで明るい雑木の庭に仕立て直した。水鉢は新たに置いたもの。

左上／ダイニングと土間はスチール枠のガラス引き戸で仕切ることができる。

左下／小屋裏を見せ、漆喰を塗ったほかは、そのままの和室。時にはゲストルームとして使用する。

通り土間の床はモルタル。壁・天井は「灰中（はいなか）」というこの地域特有の砂漆喰。正面が玄関、右手が和室。

上／ロフトから土間を見下ろしたところ。
右下／玄関横の子ども部屋の戸を開けると、異質な空間にワクワク。靴脱ぎ石をステップに。
左下／玄関からダイニングへの視線の流れを滞らせないように、漆喰壁の角を丸める細やかさ。ニッチの入れ方も心憎い。

正面に見えるお隣の緑がアイストップに。内見時に印象的だったこの場面をより効果的に見せるため、視覚的な雑味を減らしていった。

上／キッチンからダイニング、リビングを見通す。ダイニングとリビングでは、フローリングの種類も変え、明（リビング）と暗（ダイニング）のグラデーションをつくった。
右下／キッチンに置かれた日本の古家具には作家物の食器がぎっしり。
左下／キッチンの窓辺。フック付きの照明をハンガーバーに引っ掛けただけ。さりげないあしらいからも、楽しんでいる様子が伝わってくる。

ダイニングテーブルはシェーカーデザインのハンコックテーブル。テーブルのチェリー材に合わせ、カウンターもチェリー材で造作した。陶器製のランプシェードは石松信彦によるstarnetのオリジナル。

上／リビングの窓は、窓枠を隠して景色をクリアに見せるデザイン。フローリングは3種類の幅を張り分けて変化をつけるとともに、板目の方向性を利用して視線を窓へと誘導。棚の上の照明は1930年代のチェコのもの。壁付けの照明は、高橋さんと旅をしたときに見つけた古いガス燈をモチーフにしたもの。
右下／窓を全開放してテラスに腰を下ろし、景色を楽しむ。

上／砂漆喰の壁に古い家具や装飾品が映える。日本の民芸やヨーロッパのアンティークなど、ボーダーレスに感覚に合うものが集まった。左奥が階段や和室へと続く。

右下／リビングには、コーア・クリントのサファリチェアを置いて。しゃっきりしたフォルムと軽やかさが古民家の重厚感と対照的で粋。シチュエーションによって移動できる軽やかさも気に入っている。

左下／階段が和室にある唐突感が面白い。古いままなので急角度で、上り下りにはちょっぴりヒヤヒヤすることも。

CASE NO. 3

小菅邸

延床面積：165.64㎡

1階：118.24㎡ 2階：47.40㎡

家族構成：夫婦＋子3人

建築年：1940～50年頃

改修竣工：2015年

設計：高橋真之／
masayuki takahashi design studio
堤 庸策／arbol

施工：大西工務店

BEFORE

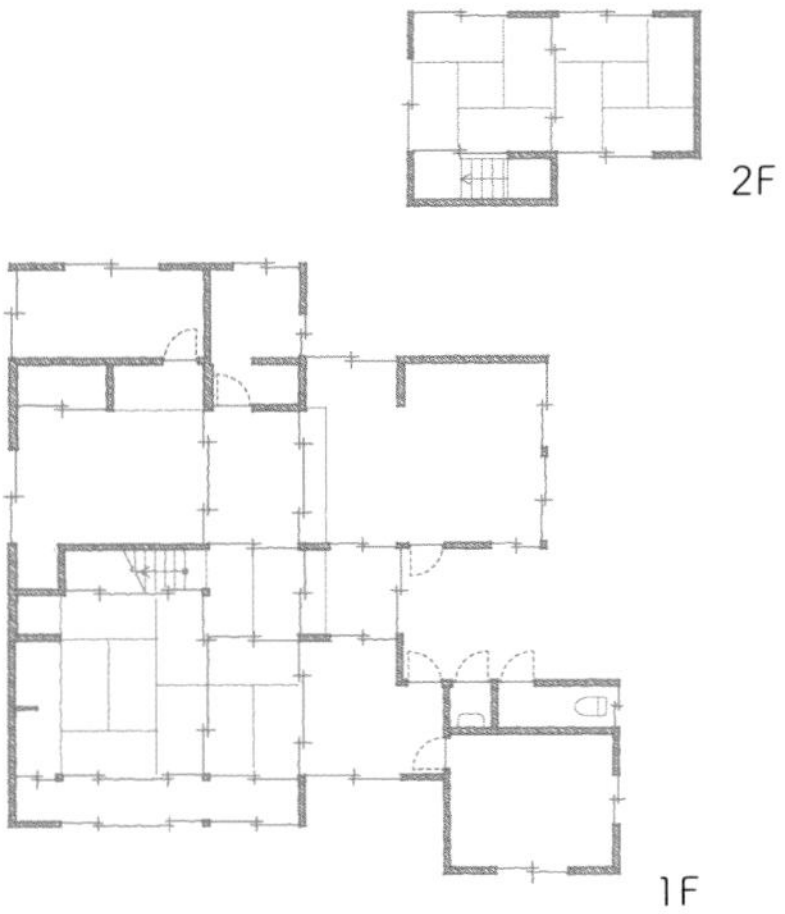

AFTER

リビングは床を小上がりにして、天井は2階床裏を見せた。景色のいい西側の窓へと視線を誘導し、景色との結びつきを強めた。

キッチンは壁付け、ダイニング側には便利なペニンシュラカウンターを造作した。一部天井板を外して三角の小屋裏部分を見せ、白塗りに。

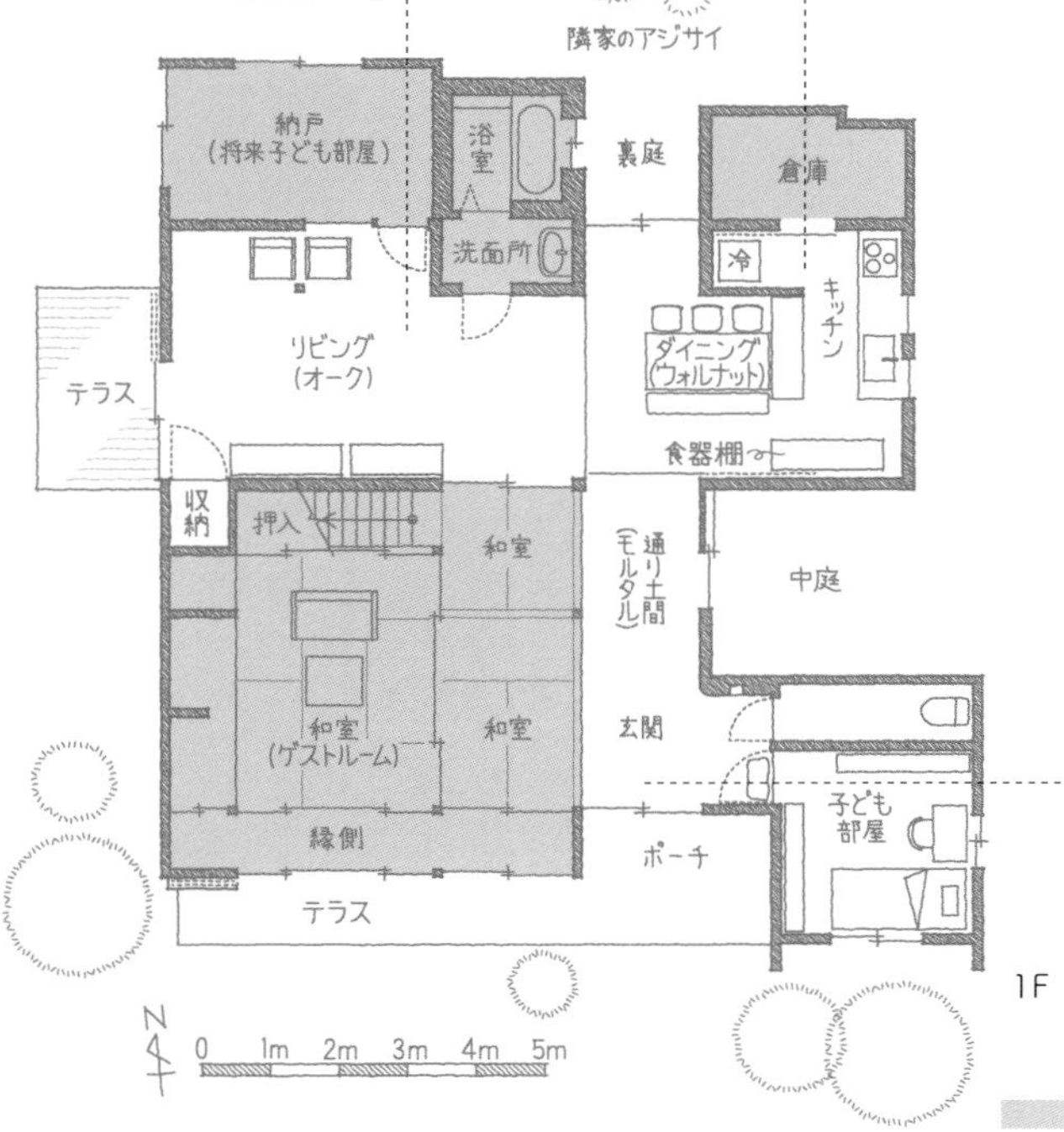

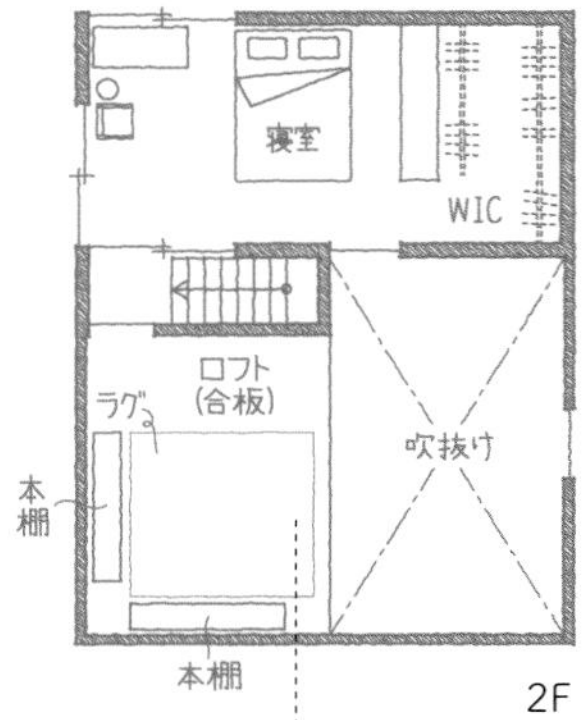

2階のロフトは、床に合板を張り本棚を置いて、1階を見下ろせる秘密基地的な図書コーナーに。太い梁が目近にあり、迫力を感じることができる。

土間の奥行きを広げ、ガラスの間仕切りで南北軸の視線を通した玄関。和室部分はそのまま残し、新旧や和洋のコントラストが非日常的な空間に。

グレー部分はリノベーション対象外

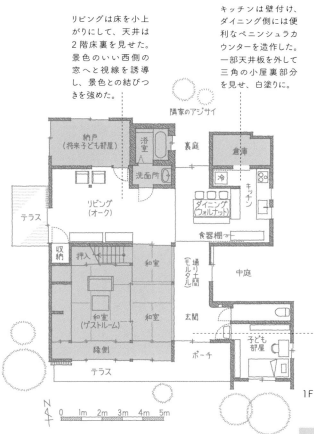

リビングの窓からのどかな黒豆畑や山並みが見える。
遮るもののない景色が気に入って、眺められる場所をリビングにした。

田畑の中に佇む 簡素な古民家に 美を宿す

　小菅庸喜《のぶゆき》さん、絵里奈さん夫妻の家は、築60～70年ほどの古民家に手を加えたものだ。通り土間と昔ながらの畳の部屋、古い小屋組みと土壁が露出したほの暗い吹き抜け。砂漆喰を塗り回した壁が底光りし、スチール枠の内窓が異質な存在感を主張する。「古いものと新しいものとは、なじませるよりキッパリ縁を切った方が調和しやすい。そして、違和感のあるものを消しながら整えていくと空間から雑味が消え、心地よさが生まれます」と、設計者でインテリアデザイナーの高橋真之さんは語る。

　小菅夫妻は、衣料品や生活雑貨でライフスタイルを提案する店「ａｒｃｈｉｐｅｌａｇｏ（アーキペラゴ）」を兵庫県丹波篠山《ささやま》の地で営む。大手アパレルブランドでのブランディングの仕事を経て、7年前に開業。自分たちのやりたいことを突き詰めた店だ。そのセンスは家のしつらえにも表れている。「篠山でお店をするために移住してきたんですか?と聞かれますが、違うんです。『どういう土地で暮らしたいか』をまず先に決めたので」と庸喜さん。篠山は城下町であり、陶器の産地で文化的な気風がある。里には手入れの行き届いた雑木林の山と、美しい田畑が広がる。

　この家は元々簡素なつくり。だが東側に雑木の山を背負い、西側に延々と田園風景が広がるロケーションは、庸喜さんがイ

左／ほとんど手を加えていない縁側の、ほっとするような光景。
右／ロフトにはラグを敷いて、ゴロゴロしながら本を読めるスペースに。

メージしたものだった。内部は、玄関から土間、ダイニングへとダイレクトに視線が通り、突き当りの緑がアイストップに。リビングでフレームレスの窓に切り取られた田園風景は、遠くなだらかな山の稜線まで遮るものがない。「古民家に住みたいというより、ロケーションも含めた家全体の雰囲気に惹かれたんです。内見のときから、この景色だけで十分満たされる感じがあって。高橋さんは、それを建築的な操作でより鮮明にしてくれました」（庸喜さん）。

夫妻と高橋さんは、旧知の仲。設計前に、夫妻と縁が深い街や店を一緒に旅しながら、価値観や美の琴線に触れるものを共有した。そのとき庸喜さんから言われたことを、高橋さんはよく覚えている。「僕たちに住んでもらいたいと思うような家をつくってほしい、あとは自分たちで使いこなすから、って。散歩しながら、朝のこういう時間が気持ちいいね、とか、宿では夜のこんな暗さがいいね、と空気感の話をしました」。

予算が限られる中で、高橋さんは居住エリアを北側約1／3に限定することを提案。田園風景を望む東西の軸線上をＬＤＫにあてた。内装を整えるだけでなく、断熱性や気密性、耐震性を高めることを徹底。家の中にもうひとつ小さな家をつくった入れ子構造に近い。かたや、玄関側の南半分では天井を外して小屋裏を見せ、通り土間の南北軸を強調するような漆喰壁を設け

左／レトロな洋間に合わせて新しくつくった木製の窓。つまみも真ちゅう製のレトロなものに。
右／凝ったつくりの折り上げ天井は、既存のまま。

る程度にとどめた。柱と壁の隙間から光が漏れるほど断熱性も気密性もほぼゼロで、暑さ・寒さの厳しい季節はあまり使いみちがない。ただ、春秋は間仕切りを開け放って新旧の空間をつなぎ、多目的に使用できる。和室の縁に腰掛けて土間でおしゃべりをしたり、畳の上に洗濯物を広げてゆっくり畳んだり。それを庸喜さんは「贅沢な余白」と呼ぶ。

「朝と夕方がとても好き」という絵里奈さん。「日暮れどきには漆喰壁が西日でオレンジ色に染まり、庭木の影が揺れるんです。夜は、月明かりがびっくりするくらい明るくて。部屋が暗いから、月の明るさに気付けるんですよね」「わが家は照明を抑えているせいもありますが、昔ながらの日本家屋なので軒の深さがつくる暗さもある。高橋さんとは陰影にどう意識を向けるか、という話をたくさんしました」（庸喜さん）。

庸喜さんは、玄関横の応接間を気に入って仕事場にしていた。アルミサッシを木製の開き戸に替え、和洋折衷が最先端だった当時のレトロモダンを復活させると、映画にでも出てきそうな雰囲気になった。最近、年頃になってきた息子にせがまれ、明け渡すことに。「子ども時代にこういう部屋で過ごせるのはうらやましい。息子も好きみたいで『家を出る気はないよ』なんて言っています。子どもたちの実家になる家はどうあったらいいか、ということも意識していたので、うれしいですね」。

CASE NO. 4

レトロモダンな平屋の
中央を減築しテラスに。
急速に変わりゆく街に
記憶の根を下ろす

ピアノ教師だった叔母の住まいを建築家が受け継いだ。
街なかの家ながら開けた環境は得難い。
これを生かすため「減築」という手段で部屋をテラスに変更。
風と光と開放感を呼び込んだ。

（東京都　山縣邸）

応接室だった頃のレトロな型ガラスの間仕切りや、叔母が使用していた北欧家具バットネのファルコンチェアをそのまま使用している。

上／高さを抑えた平屋の形式や緩やかな切妻屋根は、当時の住宅デザインの潮流を反映している。後で増築された玄関やパーゴラも塗り直す程度にとどめた。
下右／玄関の内部。ドアもそのまま使用。ガラスブロックや石張りの壁から、建築当初は外壁だったことがうかがえる。
下左／玄関にはコーナー窓を新設して明るく開放的な印象に。ペンダント照明は既存のものを利用。

「叔母は建築後間もなく、家で教室を開くことになり玄関を増築したようです」と山縣さん。この間仕切り壁は最初の玄関の名残。レトロ感のある天井も温存。

テラスからリビングを見る。左の掃き出し窓は、スチール製の窓を断熱性の高い木製サッシに交換。既存を踏襲して深緑色に。右手の飾り棚は元のまま。床はカーペットをフローリングに変更した。ソファは、ハイメ・アジョンのルネソファ、スツールはジャスパー・モリソンのライトウッドスツール。

上／玄関からリビング、中央にテラスを挟んで居住スペースがある。ガラス戸で仕切ってあり、細長い平屋の広さを実感できる。
下／テラスでは小屋裏を見せてあずまや風のラフな雰囲気に。左手に居住エリア、右にリビングを見る。テラスは、外との仕切りが網戸のようなスクリーンだけの、半屋外スペース。ガラス戸を開けると家全体に風が吹き抜ける。冬はあまり利用しないが、そのほかの季節はお茶やお酒を楽しんだりする。

居住エリアでは古い天井板を外して高さを出し、野地裏を整え白くペイントした。右の窓二面と左の格子窓は、意匠性を生かしてそのままに。テーブルは、カールハンセン＆サンのエクステンションテーブル。

上／細かい間仕切りを取り払ったワンルームの居住エリアは、家具の配置で用途に応じたゾーニングを。奥の棚は叔母が行く末を気にかけていたもので、そのまま使い続けることに。木部が飴色に変わり味が出ている。
下右／新たにつくったミニキッチン。吊り棚は既存を移設したもので、キッチンはそれに合わせて着色した。
下左／居住エリアの奥の一角が洗面所、浴室などのサニタリーコーナーに。ドアの向こうにトイレがある。

CASE NO. 4

山縣邸

延床面積：90.26㎡

家族構成：本人

建築年：1962年

改修竣工：2018年

設計：山縣武史建築設計

施工：スタイル工房

BEFORE

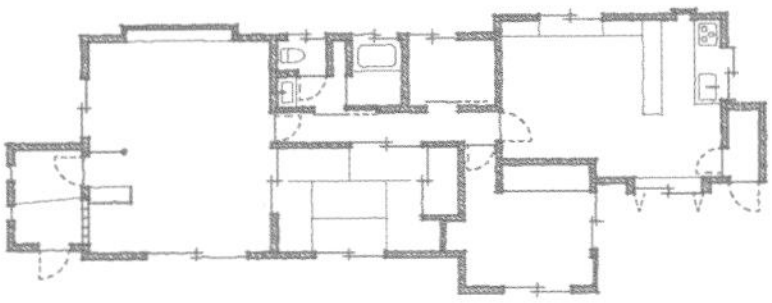

AFTER

リビングは玄関に近く、生活の場からは距離がある。急な来客にも気兼ねなく対応できるセミパブリックなスペースとして、常に整えている。

出窓を組み込んだ造作の食器棚は叔母が大切にしていたものなので温存。日用品の収納として利用し、その一角をベッドのコーナーにした。

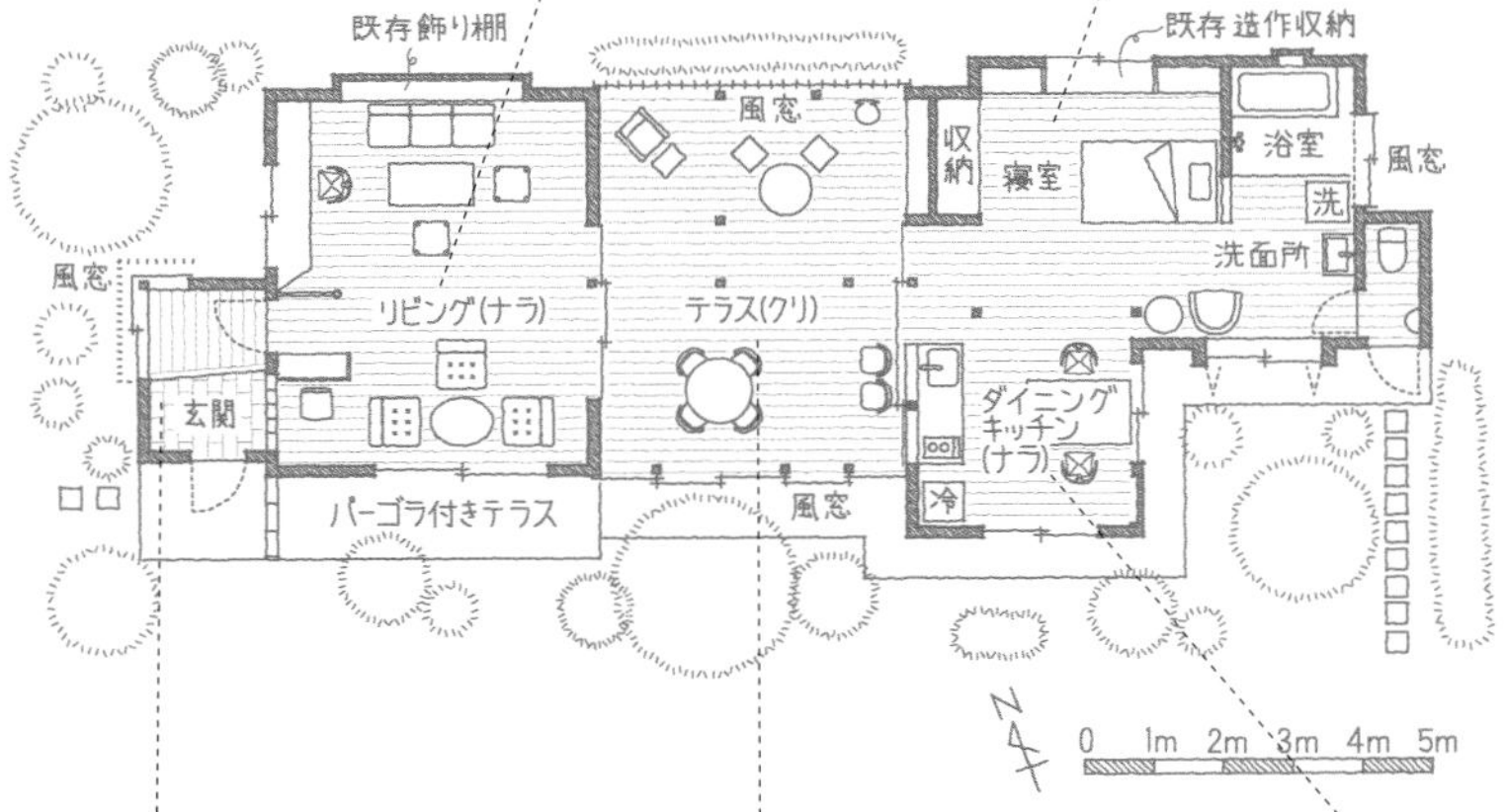

既存を利用した玄関は、新たにコーナー窓を設けて明るさを増した。窓に付けた緑色のルーバーは、外観のアクセントにもなっている。

鍵のかかるスクリーンで外と隔てた、半屋外のテラス。屋根は既存を残し、小屋裏や柱をそのまま見せ、あづまやのような少しラフな雰囲気に。

窓辺の明るいコーナーをダイニングに。庭の緑を楽しみながら朝食をとることができる。キッチンは新たに造作し、テラスに向けて配置した。

変わっていくものと変えないものの間に風の道をつくる

冬以外の季節は、吹き抜ける風を楽しみながら過ごす、もうひとつのリビングに。

「場所の大切さを意識しながらリノベーションを計画しました。小さい頃から遊びに来ていた家だったので、どこをどの程度残すべきかの判断は、自然にできたように思います」。建築家・山縣武史さんの住まいは、切妻屋根の佇まいが昭和のモダン住宅といった趣の平屋。約60年前、都心にほど近い住宅地にピアニストだった叔母が建てたもので、山縣さんが後継者として受け継いだ。整理のために荷物を片付け始めると、ヨーロッパで購入した絵画や食器類、大切に使われてきた家具などが大量に残されていた。山縣さんの脳裏には、子どもの頃に見た「ほの暗いダイニングでオレンジ色の照明が灯る光景」が今も焼き付いている。

長年蓄積された物を整理していく過程で、家の周囲に建物が少ないため、明るく気持ちのいい環境だということがわかってきた。南側は親族の所有する私道、その向こうに駐車場が続き、平屋であっても窓からは空が見える。「都内の住宅地でありながら、この環境は恵まれています。それを生かすリノベーションはどうあったらいいのか、と考えました」。

細かい部屋を寄せ集めた東西に細長い間取りの中には、叔母の暮らしに即した自然発生的なゾーニングがなされていた。もっとも道路に近い西側の一角が、玄関とレッスン室兼応接室。

左／リビングのコーナーをミニギャラリーに。右／庭側のスクリーンは引き戸になっていて出入りが可能。

最も奥まった一角が、ダイニングキッチンと寝室。そのふたつのゾーンを、中央の浴室と物置化した和室が隔て、風通しの悪さを招いていた。

そこで山縣さんは、中央部分を取り払って中庭のような半屋外のスペースに転換し、「テラス」と呼ぶことに。本来敷地の持つ風通しのよさや、あっけらかんとした開放感を室内に呼び込むためだ。その上で、元レッスン室は原型を尊重して応接のための空間にあてた。

最奥の一角には、キッチンとダイニング、ベッドスペース、浴室などをワンルームにまとめ上げ、コンパクトで機能的な生活の場に仕立てた。テラスがプライベートとパブリックの緩衝地帯となっているため、急な来客にも慌てずに対応でき、双方に爽やかな風と光、開放感がもたらされている。

叔母の痕跡を大切にしたことには、愛惜の情以外にも訳がある。「叔母が亡くなってからしばらく後も、花を持って訪ねて来られる生徒さんが、何人もいらしたんです。通りからしげしげと家を眺めておられる方もいたりして。叔母のレッスンは厳しかったようですが、慕われていたのですね。今後もそういうことがあるかもしれないと、家の姿とレッスン室の雰囲気をできるだけとどめることに心を砕きました」。

レッスン室と外壁以外の大部分は一旦スケルトンの状態に戻

左／格子窓の手前には日当たりのいいベンチが。右／ヒストリーを語れる人に引き継がれた家は、幸せかもしれない。

しつつ、昭和モダンの雰囲気を残すガラスやタイル、ダイニングの格子窓など、当時は最先端だったかもしれない洒落たデザインの要素は、そのまま生かすことに。その上で、耐震性はきちんと見直して補強を加え、天井、壁、サッシなどの断熱化もできる限り行った。

テラスと外部を隔てるのは、メッシュのスクリーンのみ。つまり吹きさらしの状態で、両隣の部屋とは外部用の断熱サッシで隔て、開閉によりつながりを調整する。床は、水に強いクリ材を選んで風雨への耐性をもたせた。「春や秋は室内側の窓も開け放つと、テラスと一体になる感覚で、風が吹き抜けてとても気持ちがいいです」。

60年前の建物とはいえ、つくりが丁寧で大切に住まわれていたことがわかる。叔母からも残して欲しいと言われていた元ダイニングの造作収納は、今新たにつくろうとしたら高額になってしまうような上質さ。そのままベッド脇の収納として、使い続けることにした。棚の一部には叔母が愛用していたヨーロッパの食器類も飾り、思い出を偲ぶよすがとしている。山縣さんは、単に時を経た建物の時代性や古びを意匠として生かすだけでなく、叔母の人生やそこで紡がれた人とのつながりまで、魅力として定着させることを選んだ。それが住まいの芳醇な味わいとなり、山縣さん自身の人生も豊かにしている。

CASE NO. **5**

京の町家に
茶室の粋を重ね
隠れ家のような
セカンドハウスに

建築家は、伝統を守る出格子《でごうし》の路地に惹かれ、
築約100年の小さな町家を手に入れた。
京の歴史と文化の厚みから得たひらめきを、
エッセンスとして織り交ぜながら
自分好みの空間に生まれ変わらせる。

（京都府　熊澤邸）

れ家的なイメージをもつ
階のダイニング。低くか
る梁がこぢんまりした心地
い雰囲気をつくる。キャ
ネットと円卓、手前の椅
はhao&mei。籐編みの
脚はモーエンセン。ペン
ント照明は鉄作家・羽
直記のもの。

リビングは南向きで、ほの暗い室内を明るい日が照らす。窓からは路地に建つ隣家の瓦屋根が見える。ソファはhao&mei。スタンド照明はハーマンミラーのバブルランプ。

既存の梁や野地板をそのまま見せた２階。勾配の急な屋根裏空間で、窓際の天井高さは158cmほど。窓も低めなので椅子に腰掛けると包まれるような心地よさがある。床材は国産のクリを用いた。

上／床の間と縁側、坪庭をもつ1階の座敷。茶室の意匠を取り入れた品格ある空間。左手に板張りの小上がりがある。天井は「マツバ」と呼ばれるスギ柾目板に女竹の竿縁を専用の鉄釘で留める本格的なつくり。下／地元吉野産のヒノキを床や窓台に用いた小上がり。柔らかい土壁に寝具が擦れて汚れないよう、下30cmには和紙を貼った。これも茶室のデザインからの引用。

玄関の上に新たに造作した階段をかぶせ、小さなスペースに２つの用途を掛け持ちさせた。階段が繊細でキリッとした印象なのは、家具作家に部材を支給してもらった成果。

CASE NO. **5**

熊澤邸

延床面積：64.55㎡

1階：34.55㎡ 2階：30.00㎡

用途：設計事務所兼週末住宅

建築年：不詳（築約100年）

改修竣工：2021年

設計：熊澤安子建築設計室

施工：ツキデ工務店

BEFORE

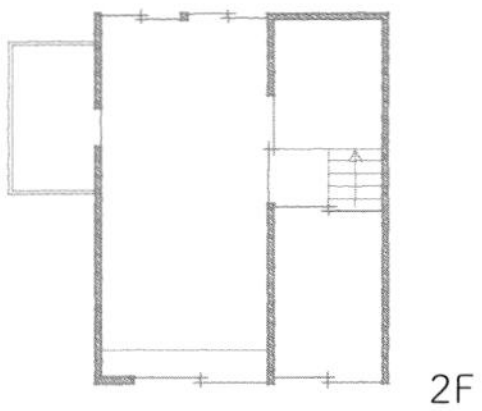

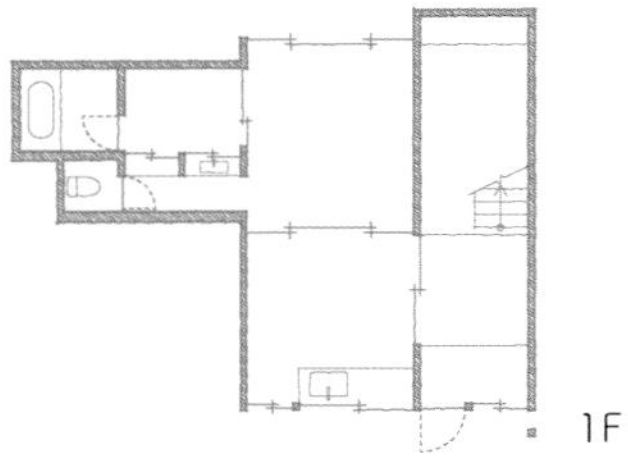

AFTER

宿泊にも使用する座敷には床の間や縁側を設け、茶室の意匠を取り入れた。小さな坪庭が暗くなりがちな場所に視線の抜け感や明るさをもたらす。

書斎や打ち合わせ室としても使用するリビング・ダイニングは、むき出しの梁を生かした明るい2階に。8畳二間分の広さがある。

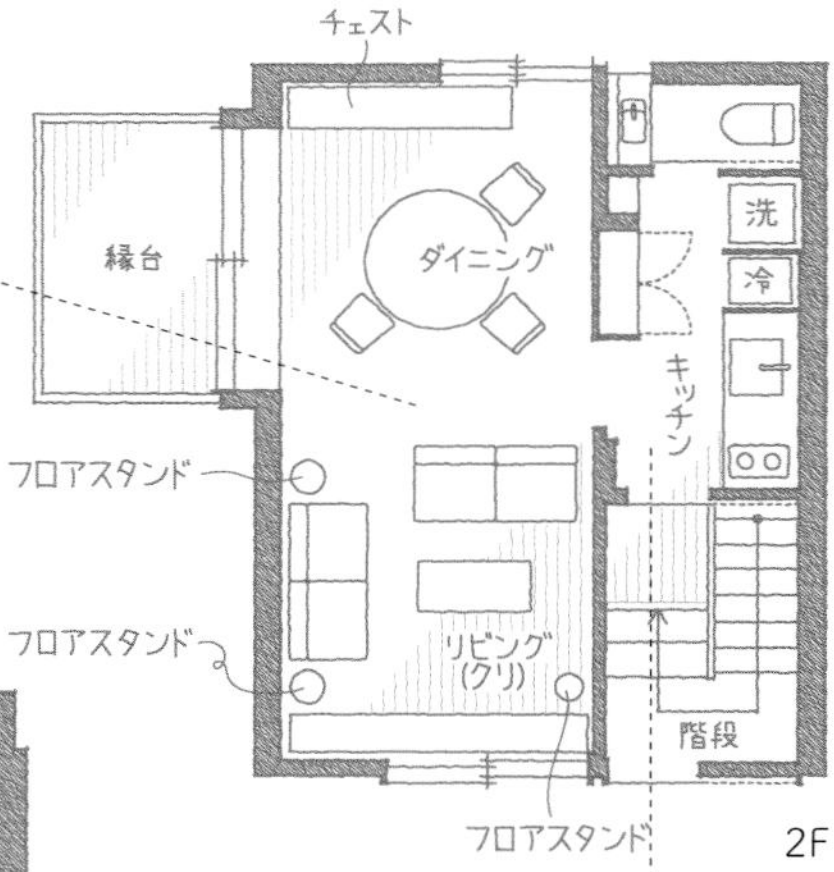

キッチンの並びに洗濯機スペースも設け、コンパクトにまとめた家事コーナー。トイレへの通路も兼ねた機能的で合理的な配置。

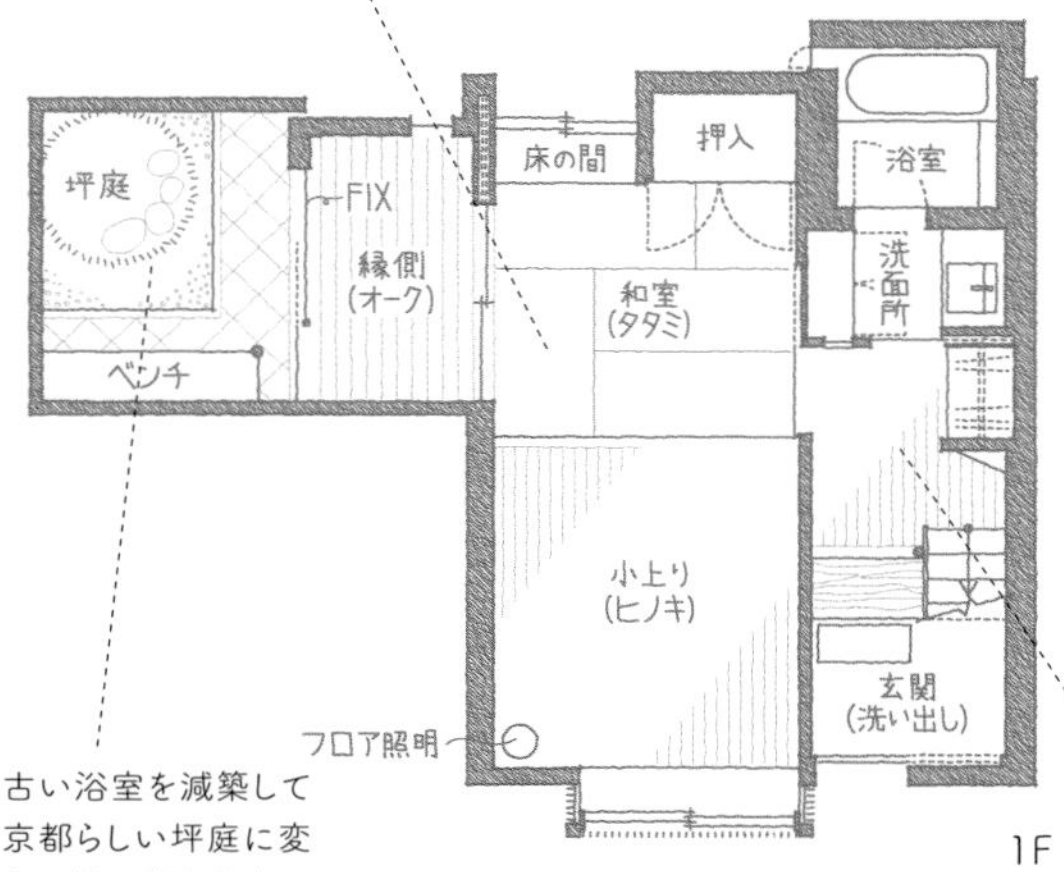

古い浴室を減築して京都らしい坪庭に変え、緑と光を室内に導く。茶室の待合を模したベンチもあり、極小のスペースながら楽しみの多い庭。

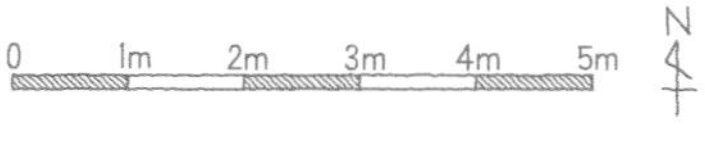

玄関の配置は元のまま。既存の急な直線階段を緩やかな折返し階段に付け替えた。玄関上部と重ね合わせてスペースの問題を解決。

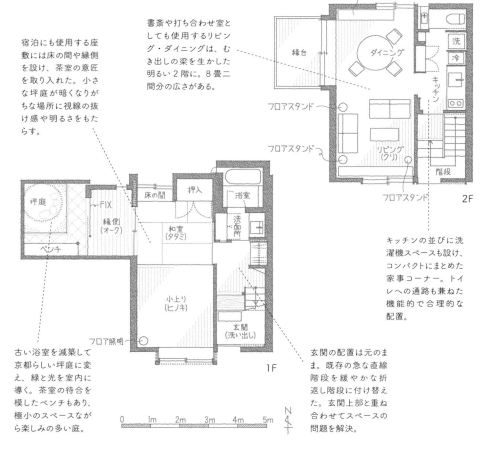

窓辺から路地を見下ろし、京の風情を楽しむ熊澤さん。

伝統からの〝写し〟に好みを添えてしつらえる

ここは、京都市営烏丸線の五条駅から徒歩数分と、繁華街までも歩いていける、京都の中でも便利なエリア。五条通から細い横道に入り、上に建物がのる門のような「トンネル路地」をくぐる。その先の一角が、建築家・熊澤安子さんの設計事務所兼週末住宅だ。

「路地の雰囲気がとてもよかったので、ほぼ即決でした。どの家もきれいに改修されていて、きちんと出格子《でごうし》が復元してある路地には、なかなかお目にかかれませんから」（熊澤さん）。物件自体も日当たりがよく大きさも手頃。正確な建築年代の記録はないが、大正10年の登記記録が確認できたので、計算上築１００年ほどのようだ。

以前は住まいや倉庫として使われていたようだが、購入時は「そこらじゅう隙間だらけでボロボロ」だったという。しかし、内見したときからリノベーションのイメージが湧いた。こうした京町家は、「うなぎの寝床」と言われるように縦長のパターンが多い。当初熊澤さんは幅の狭い通り土間に浴室などの水まわりを新設することを軸に、間取りの再編を考えていた。ところがこの物件は珍しく通り庭のないＬ字型で、玄関は一間（１９２０㎝）の広い間口をもつ。その幅を保った玄関奥の部分に洗面所と浴室を収め、増築されていた古い浴室を減築して坪

左／宿泊する際は、小上がりに布団を敷いて休む。
右／伝統的な出格子は祇園で組子の細い出格子を実測し、サイズを引用して新たにつくった。

庭に変更するプランが、内見中に思い描けた。古民家のリノベーションに慣れた工務店の担当者に、傷み具合は許容範囲と言われたことも、購入の背中を押した。

床面積は、各階約30㎡と小さめ。2階では古い梁や柱などをポイント的に表して古民家の重厚感を見せつつ、1階では茶室風の座敷が来客を迎える。新たに緑を植えた坪庭には、茶席の待合のデザインを取り入れたベンチスペースもある。泊り客があるときは、小上がりの板の間に布団を敷き延べる。工務店が蔵出ししてくれた今では入手しにくい天井材や鉄釘などのほか、特注の唐紙や藁スサをたっぷり入れた土壁など、厳選された素材で構成された品格のある空間だ。

熊澤さんはこれまで、保養を兼ねて時折好きな旅館に宿泊しては、設計のヒントを吸収し自作に引用してきた。蓄積したアイデアの中から、これぞというものがこの町家にも散りばめられている。路地側の出格子は、祇園などの花街を歩いて好みの寸法をリサーチし、デザインに取り入れた。高さなど大枠の寸法は隣家とそろえ、路地の雰囲気向上にも貢献している。

2階は全面板の間で、小さいが機能的なキッチンがついている。ダイニングの窓辺からは坪庭が、リビングからは路地沿いに建つ家々の瓦屋根や出格子を眺められ、路地の趣を満喫するのに最適だ。天井には触れるほどの近さに太い梁。低めの天井

左／洗面所とその向こうの浴室。浴室は明るさを控えた照明やタイル選びにもこだわった。
右／トイレの手洗い。木格子をつけてサッシ枠の無骨さを消去した。

や窓が小屋裏らしく、隠れ家感を高める。五条通の喧騒もここまでは届かず、静けさに浸ることができる。

古い木造建築にはつきものだが、この町家もご多分に漏れず随所に歪みがあり、床の高さも場所により差があった。特に２階では高低差が最大８㎝もあったという。そこで、新たな床や壁を被せつつ水平・垂直を補正する必要があり、壁は厚く、床はかさ高くなることが必定。これを逆手にとって利用しながら隙間に断熱材を仕込み、隣家と壁を接する町家の音環境や、室内の温度環境の改善を行った。

「ほら、この柱、古いホゾ穴が空いてるじゃないですか。昔、解体した材を再利用したからなんですね。たいていの町家は大店が建てた借家だったそうで、木材が貴重だった時代は柱や梁だけでなく畳や引き戸などの建具まで、ほとんどリサイクル材で建てたんだそうです」。当時は、立派とは言えない庶民のための借家。その歴史も包み込んで魅力へと変え、文化の粋とも言える茶室や高級旅館の意匠を塗り重ねた。

今のところ、熊澤さんは仕事のために滞在することがほとんどで、まだゆっくりとこの空間を味わうゆとりを持てないという。慌ただしさの中でも、朝と晩は決まって縁側に腰掛け、坪庭を眺めながら歯を磨く。静けさに浸るそのわずかな時間を、この家が真空の非日常にしてくれている。

上／キッチンから階段を見たところ。既存の位置を踏襲した階段の窓は南向きなので、明り取りとして効果的。
中／隙間の多い古民家なので、冷暖房の効きを考慮して、階段とキッチンの間にはガラスの引き戸を設けた。黒光りする既存柱にはホゾ穴が残る。
下／幅158cmのコンパクトなキッチンだが、簡単な調理なら十分可能。キッチンの天井高は2m 弱と低め。収納の面材はナラの突板。

hao&meiのソファは直線的な無駄のないフォルムが和テイストにも馴染みやすく、広くないスペースへの収まりもいい。

上／土壁には、京都の土をベースにスサを多めに混ぜ込み、ふわっと柔らかい表情を出した。

下右／縁側には、オークをなぐり調に仕上げた既製のフローリング材を採用。坪庭からの光に凹凸が浮き立つ。

下左／ダイニングの雪見障子を上げて、坪庭の緑を眺める。光量や開放度を細やかに調整できるすぐれもの。

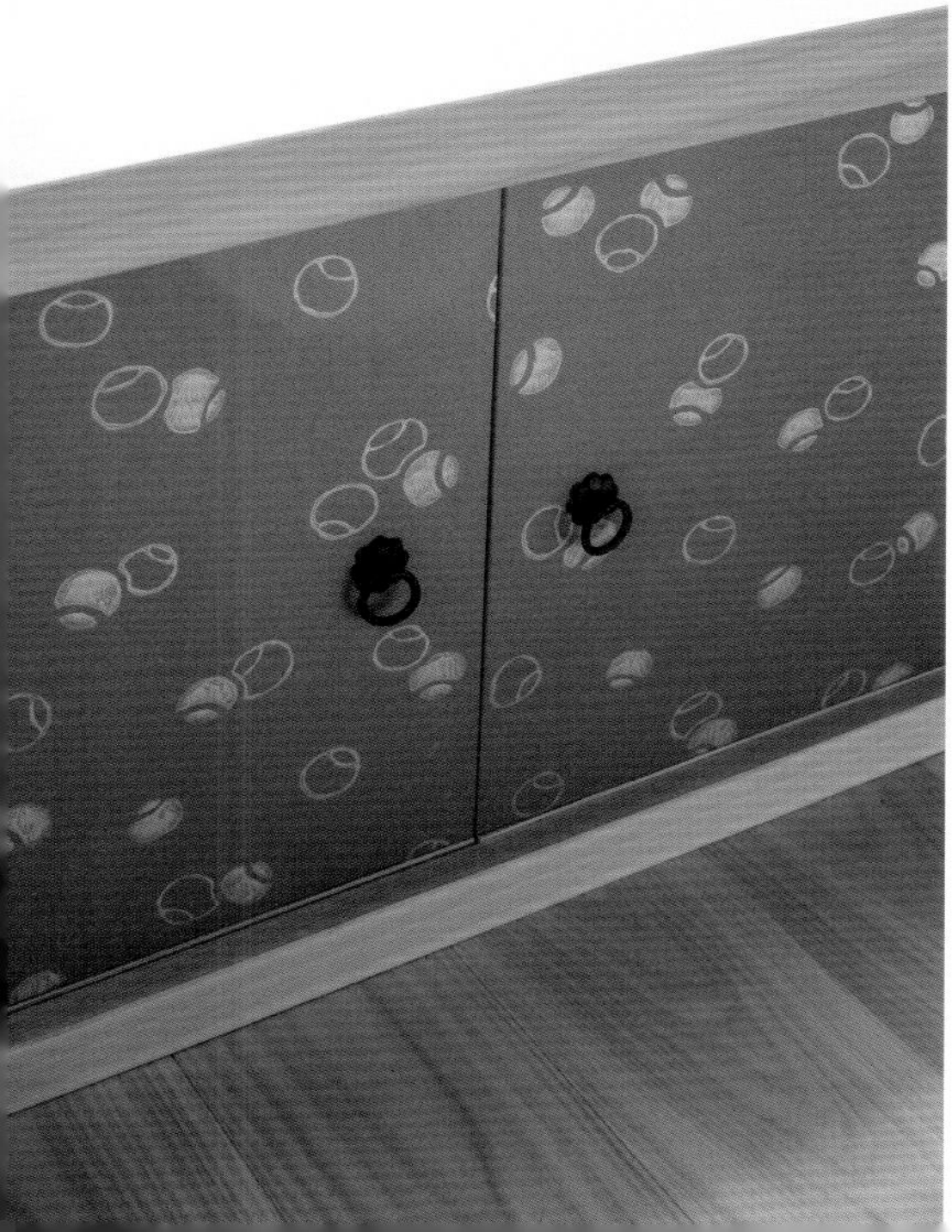

右上／ hao&meiに制作を依頼したリビングのキャビネット。隅々まで上質感が行き渡る。
左上／洗面所の背面収納棚と、明かり取りの小窓。木舞下地風の意匠は、現場監督と熊澤さんがその場で制作した。
下／唐紙は1枚からオーダーに応えてくれる山崎商店に注文。紙、インク、柄を好きに組み合わせた。

CASE NO. 6

家族の歴史を重ねた
三度目の改修。
庭に開かれた
集いの場をつくる

戦後すぐに建築された祖父の家に父の代で手を加え、
息子も自分なりのリノベーションを成し遂げた。
代々の思いを受け継ぎつつも、
都会のオアシスのような恵まれた庭を生かし、
今にふさわしい住まいへと再編成。

（東京都　H邸）

庭に大きく開いたリビング・ダイニング。リノベーションで庭が生活の一部として生かされるようになっことが大きな変化。ペンダント照明はルイスポールセン。

露出した古い柱に職人の手の跡が残る。二本を合わせて立てた一対の柱は、繰り返された増改築によるもの。

連なる垂木は奥が 1972 年当時のオリジ
手前はそれに倣って新たに造作し、連続
した。大きな掃き出し窓は断熱性の高い木
ン。ウッドテラスは新たにつくったもの。

上／キッチンには新たに回遊動線を設けた。来客が多い家なので、誰もが立ち入りやすいように広くオープンなキッチンに。海外で暮らしたときの経験を反映させた。シンク前に立つと庭がよく見える。
下／ダイニングから見たキッチン。「娘と二人のときはカウンターに座って、料理をつくりながら食べることもあります」（妻）。

上／坪庭として仕立てた空地の眺めを取り込んだ洗面所。造作のカウンターには、家族が多いので洗面ボウルを２つ並べて。
下／開放感のある浴室。隣地境界に板壁を立てて外をバスコートのようにしつらえた。ガラスの引き戸を全開すれば露天風呂に。

上／夫の書斎から寝室を見たところ。クロゼットが双方をつなぐ動線を兼ねている。日本離れしたセンスで柄もののクロスを組み合わせた個性的な空間。
中／2階の廊下では、天窓からの直射光を二重天井で和らげることで、ふんわりした明るさを得た。木の家具のように見えるのは、納戸とトイレ。
下／子ども部屋のひとつを、現在は夫が仕事部屋として使用。配置や大きさを計算された窓からは、シンボルツリーである庭のタイサンボクを眺められ、周囲の雑多な建物は見えない。サッシ枠を見せないつくりで景色を美しく切り取る。

上／子ども部屋にはそれぞれロフトを設けた。廊下のトップライトからの自然光を部屋に導き入れるため、天井付近にはスリット窓をつけ曲面の天井板で反射させている。
下／天窓から採光する寝室。小屋裏を露出させ、古色の梁が白くペイントした空間のアクセントに。壁に掛けたやさしい色合いのクロスには吸音の効果もある。

CASE NO. 6

H邸

延床面積：135.44㎡

1階：68.52㎡　2階：66.92㎡

家族構成：夫婦＋子3人

最初期建築年：1950年

改修竣工：2016年

設計：ラブアーキテクチャー

施工：泰進建設

BEFORE

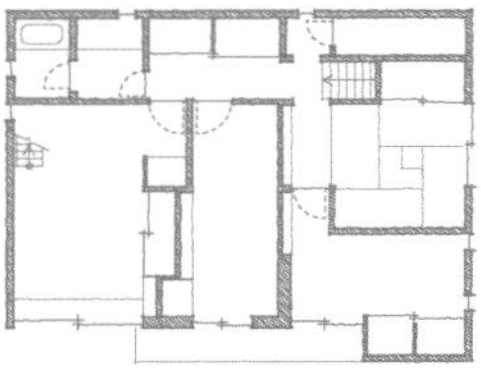

2F

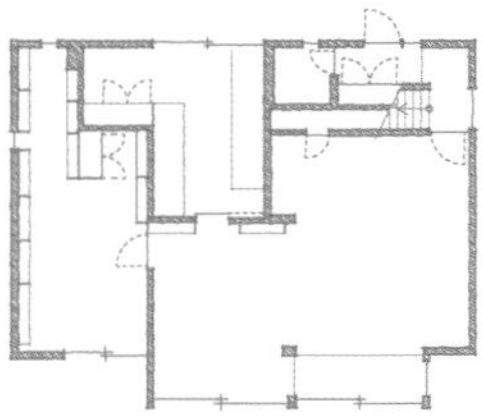

1F

AFTER

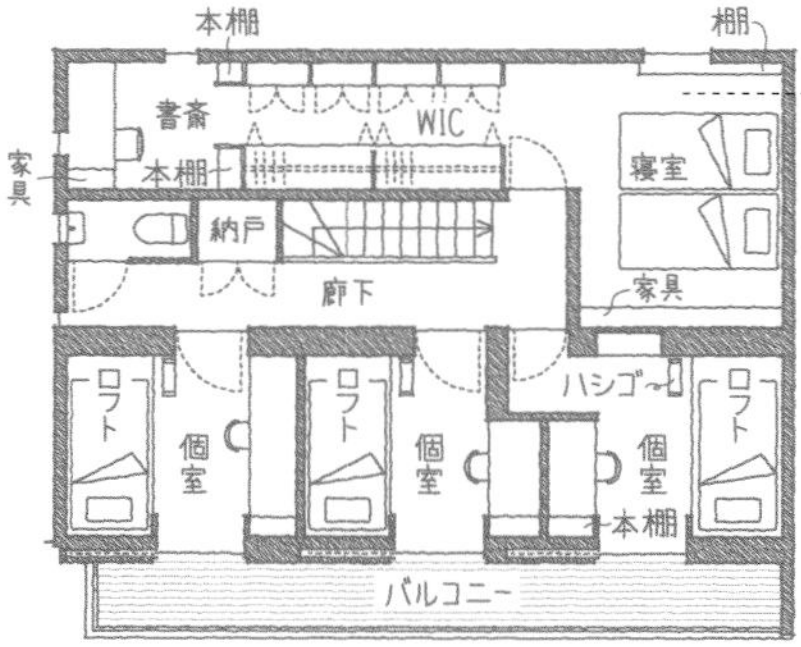

2F

寝室は籠もり感を出すために開口部を小さくし、天窓からの反射光を取り入れた。クロゼットを動線として夫の書斎へアクセスする。

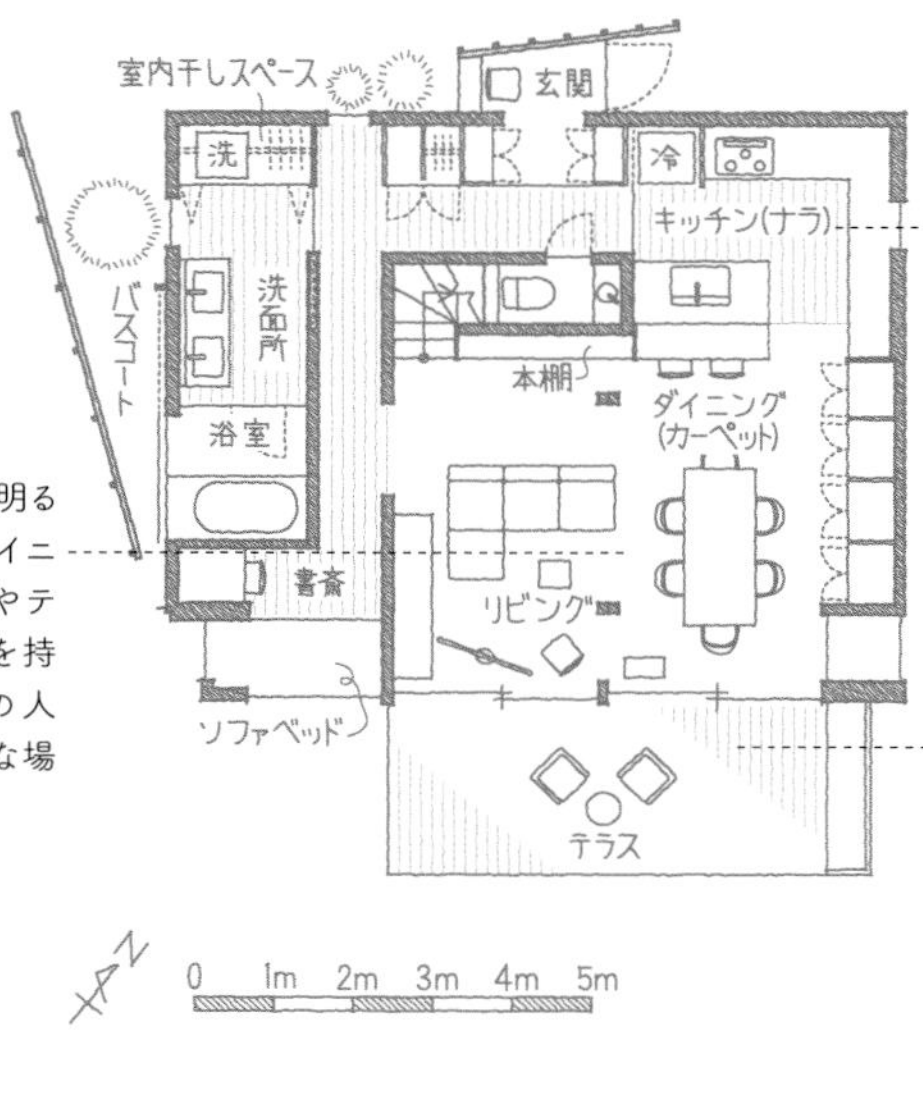

1F

キッチンには玄関とダイニングへ、2つの動線を設けた。庭が見えるペニンシュラにシンクを設け、軽食が取れるカウンターも設置。

庭への開放感で明るいリビング・ダイニング。キッチンやテラスとの連続性を持たせて、大勢の人が集える開放的な場所にした。

リビング・ダイニングと庭をつなぐウッドテラスを新設。床の高さを室内と合わせて出入りしやすくすることで物理的・心理的な垣根をなくした。

広いウッドテラスがあることで、
暮らしの場が庭へと広がる。

継承と刷新を
紡ぎ合わせて
ここにしかない輝きを

リビングの天井は、白塗りにされた梁と根太が印象的だ。大きな開口部からは都心に近い場所とは思えないような奥行き深い庭が見える。梁を支える２本の柱に残る古い刻みの痕跡が、家の歴史を物語る。「最初の建築時まで遡れば、築70年ほどになるでしょうか。母が亡くなった後、しばらく父だけが暮らしていたのですが、急な階段の上り下りが辛くなって隣のマンションに移り、しばらく空き家になっていました」とこの家の主であるＨさんは話す。

日本史の研究者であった祖父が、戦後すぐに東北から東京文京区へと移り住み、住宅と書斎を建てたのが原点。父の代で建築家・黒沢隆氏の設計により、書斎を増築して二世帯住宅にリノベーションし、Ｈさんはそこで少年時代を送った。小学生の頃、現場を訪れた黒沢氏や普請を行う大工と交流したのを覚えているという。父の思い入れが強いだけでなく、Ｈさんにとっても思い出の詰まった家だ。建て替えは問題外だったが、一家５人が暮らすには部屋数が足りず、三度目のリノベーションをすることになった。

設計を請け負った建築家の浅利幸男さんは、著名な建築家の遺作に手を加える仕事に緊張を覚えたそう。Ｈさんはそんな浅利さんに「気にせず思い切りやってほしい」と伝えた。「リビン

左／階段は位置を変えて、緩やかにつくり変えるとともに、書棚も造作した。
右／久々に帰省した長男を交え、にぎやかな団らんのひとときき。来客が多いときもゆとりがある。

グの天井に根太が見えている雰囲気は魅力的なので、そのまま生かしたいと思いましたが、少し暗い感じや庭とのつながりが薄かったこと、時代的なものなのか急な階段など、改善したいところがいろいろあったんです」。特に、建築されたときからの経緯で、敷地に対して斜めにずれた配置がされており、建物のまわりのいびつな空地が活用されていないことが、ずっと気になっていたという。

浅利さんはＨさんの言葉を受け、間取りを大きく変更することを提案した。核となるリビングの位置はそのままに、階段を建物の中央寄りに移動。そのまわりにできる流れるような動線で、暮らしやすさをプラス。空地には緑を植え、新たに設けた開口部からそれを眺められるように仕立てた。玄関や浴室、廊下など、あちこちの窓から緑が見え、緑に囲まれているような感覚が生み出されたのは、大きな変化だ。

最も変わったのは、庭と住まいとの関係性かもしれない。庭に面した大きな開口部の配置は以前からの踏襲だが、障子を閉め切って出入りはほとんどなかったという。そこで横幅５・３ｍの掃き出し窓を断熱性の高い木製サッシに交換し、ウッドテラスを設置した。

庭は、家族のシンボルツリーであるタイサンボクなど主要な木を残し、全体的に仕立て直してもらった。ダイニングやリビ

左／廊下の突き当りの小さなベッドスペースは、窓を低く絞り込み、垂れ壁にブルーのクロスをあしらった。
右／左写真の見返し。突き当りは開口部にして緑を見せる。

ングはもちろん、キッチンからも緑が目に入る。「朝は一番よく日が入って、白い壁に木の陰が揺れるのがきれいです。気候のいい時期は、夜に庭をライトアップしてテラスでビールを飲んだりしてくつろぐこともあります」。庭が役割を与えられ、暮らしを潤してくれている。

２階も、旧来の骨組みの中に新たな建築を築いたといえるほど、すべてが置き換わっている。天窓から柔らかい反射光が降り注ぐ廊下は、お気に入りの絵画を飾れるギャラリーのような非日常的な空間に。３つ並ぶ子ども部屋の窓からは、いつでも家族の象徴であるタイサンボクを目にすることができる。Ｈさんは、就職した長男の個室を自分の仕事部屋として使い、タイサンボクを眺めながらゆったりした自分の時を過ごす。やがては夫婦ふたりだけの暮らしになり、明るくなったリビングに子どもやその家族が賑やかに集う日が来るのだろう。

工事期間に海外赴任中だったＨさんに代わり、今は亡き父が頻繁に現場を訪れて浅利さんと会話を交わし、細かく意見したという。自分の愛した住まいがどう変わっていくのか、楽しみで興味津々の様子だったとのこと。Ｈさん一家が帰国してここに暮らし始めてからも、庭からひょっこり訪ねてきては、ソファに座り、庭で月を眺め、孫と話しながらニコニコとワイングラスを傾けた。正しい継承と刷新の冥利であろう。

CASE NO. 7

文化香る街の簡素な家をアートで飾り古さを個性に変えて愛でる暮らし

残された文化に可能性を感じて、腰を据えた群馬県桐生市。
はなれ付き、築50年以上の平屋はコンクリートと木の混構造。
壁構造からくる空間の制約を床の高さの変化でカバーし、
素材感があふれアートが映える住まいへ蘇生させた。

（群馬県　宮本邸）

「天井板を外して丸太の梁が表れたときには興奮しました」と宮本さん。壁のアートワークは、宮本さんがポスター制作のため画家で絵本作家のミロコマチコに依頼した原画。

右／主屋（右）とはなれ（左）をウッドテラスでつなぎ、囲んだ庭には石を敷いてカラッと明るい雰囲気に仕立て直した。屋根はガルバリウム鋼板に葺き替え、外壁は既存の上にリシン吹き付けを再塗装。外観には古家のイメージはあまりない。

左上／ダイニングからテラスを通ってはなれに行ける。視覚的にも部屋が外へと延長されているような感覚を得られ、広がりを感じる。

左下／閉鎖的なイメージを避けながら境界を示すアイアン製のゲート。以前宮本さんが住んだことのある東南アジアの、マンションのゲートを模してデザインした。

山をひい

ダイニング・キッチンから左奥に子ども部屋、右奥にリビングを見る。丸太の梁とコンクリートの梁が混在する空間に、グレーのプラスターの壁仕上げや照明、スチールを用いた家具でインダストリアルの風味づけ。新たに設けた天窓が、沈んだトーンの室内に光を届ける。キッチンの棚には全国各地での仕事の際に買い求めた民芸品が並ぶ。

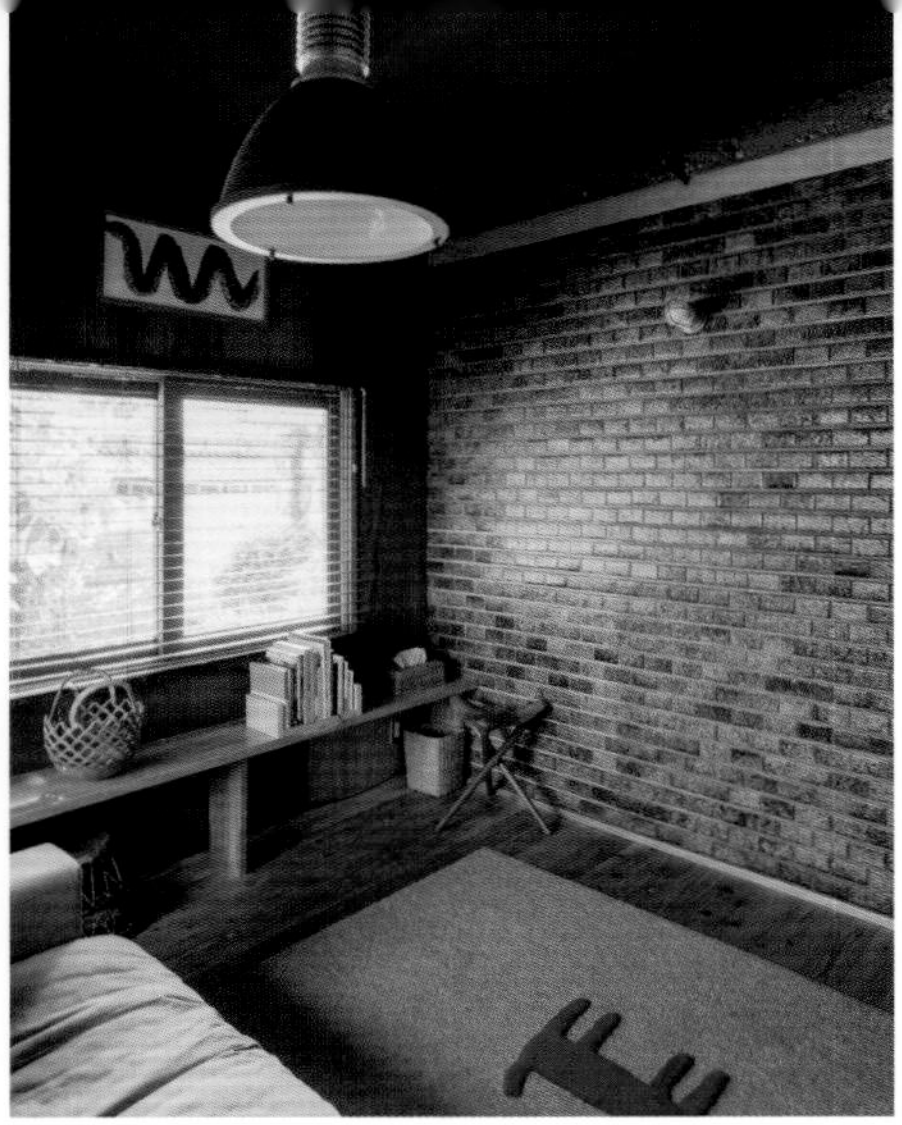

上／リビングの壁の存在感あるタイルは、既存のもの。ペンダント照明と壁の船舶照明は toolbox。ラグは F/style+ 穂積繊維工業の MAT WORKS。
下／木製建具は断熱性の高いペアガラスのものに交換。天井板を剥がして梁を出し、壁と野地にはラワン合板を張った。

上／あえてつくり込んだ雰囲気にならないように、壁を下地材であるプラスター塗りに。うさぎの原画はミロコマチコ。
下／リビングと子ども部屋の間には内窓を設け、暗くなりがちな子ども部屋の通風と採光を確保した。

CASE NO. 7

宮本邸

延床面積：68.84㎡（はなれ17.08㎡を除く）

家族構成：夫婦＋子2人

建築年：1964年

改修竣工：2018年

設計：井上貴詞建築設計事務所

施工：建築舎四季

BEFORE

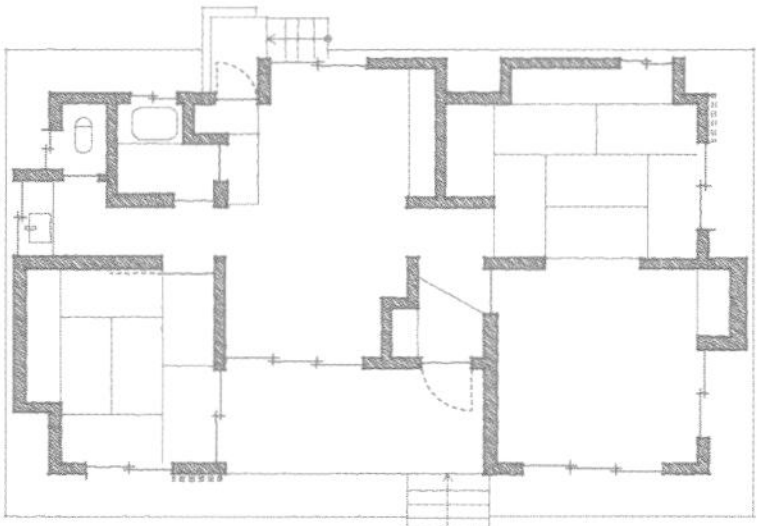

主屋

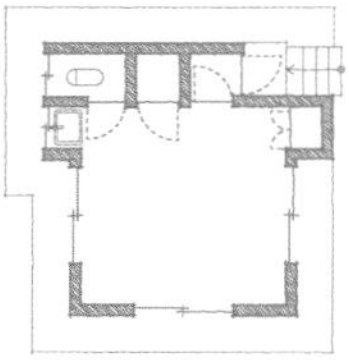

はなれ

AFTER

6畳強の部屋を2人の子ども部屋にするため、床を低く掘り下げ、ロフトをつくって寝場所に。床の間だった部分に本棚を造作した。

キッチンの床を下げて、ダイニングで腰掛ける人との視線が合わせられるようにしつつ空間に変化をつけた。天窓を設けて暗がりを払拭。

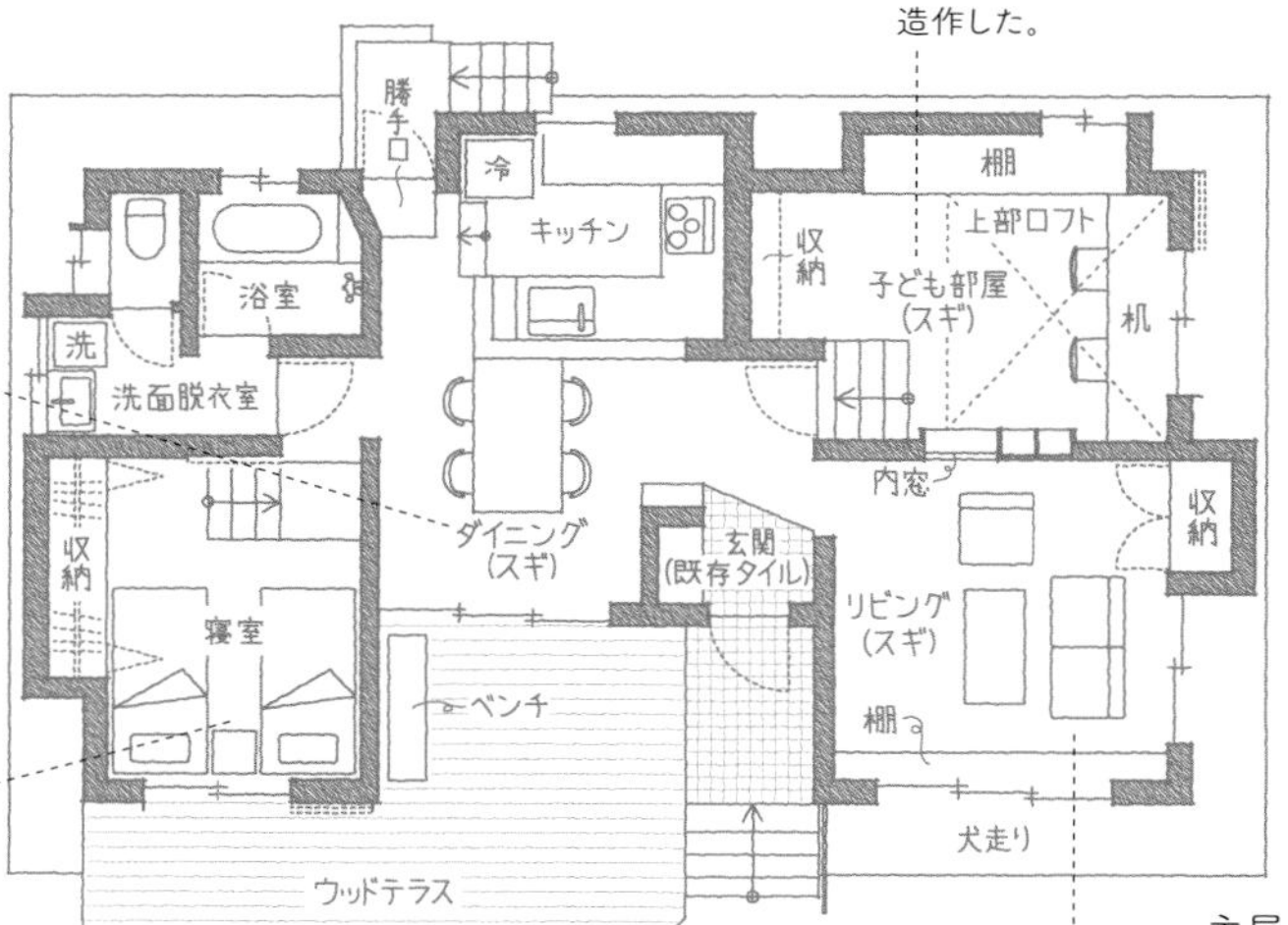

主屋

6畳の寝室は、床を下げて天井高のある空間に改装。上部に棚板を渡して収納力も向上させた。

元々応接間だったこの部屋をリビングに。天井板を外して梁を見せ、木製建具は断熱性の高いものに交換。子ども部屋との境に内窓を付けた。

はなれには内窓を設けて断熱性を向上。壁・天井はラワンの板張りに。トイレを撤去して収納を増やした。

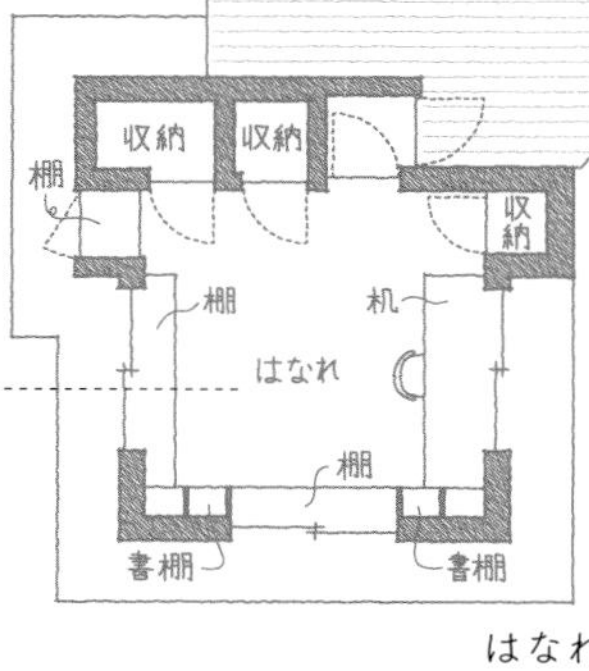

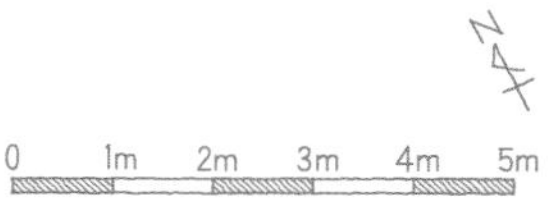

はなれ

キッチンからも少し離れたリビングが見える。

いつか誰かにこのバトンを手渡す日を思い描いて

路地の奥に見える白い壁にいざなわれ歩みを進めると、はなれと主屋、それを結ぶウッドテラスが明るい庭を囲んでいる。この家の主である宮本武典さんの仕事はキュレーター。都内の芸術大学で教鞭もとる。これまでアートイベントの企画や町おこしなどの仕事を通し、リノベーションを仕掛ける側に身をおいた経験がある。家の中に点在する物語性の強いアートは、アーティストとの協働により生み出された作品群で、この家の個性となっている。

娘をふたりもうけたことで、過去10回以上引っ越しを繰り返した根無し草のライフスタイルからシフトし、子育ての拠点を構えようと、妻の実家に近い桐生の街に定住した。「桐生は明治期に繊維業で発展した商業文化都市で、レンガ造りの倉庫やノコギリ屋根の工場跡など栄華の痕跡が色濃く残っています。行政から紹介された複数の物件を見せていただく中には蔵付きの立派な古民家もあったのですが、この家の手頃なサイズ感が、僕たち家族にはしっくりきました」。

築56年のこの家は、建築主が湿気を避けるため高床にしたそうで、補強コンクリートブロック造という珍しいつくりをしている。庭に8畳ほどのはなれもあり、仕事部屋や子ども部屋として活用できそうだと可能性を感じた。

左／はなれのショーケースには、海外の思い出の品が。
右／はなれは宮本さんの仕事部屋から家族共有の書斎への転換期を迎えている。

主屋をスケルトンにしてみると、コンクリートと丸太の梁が混在しラフな素材感がせめぎ合う空間が表れた。壁で耐力を保つ構造なので撤去できない間仕切り壁が多く、細切れの間取りを大きくは変更できない。そうした制限の中でも空間の広がりを得るために、天井板を撤去して小屋裏空間を開放。高床のつくりを利用して、キッチンや子ども部屋、寝室の床レベルを下げ、高低の変化をつくり出した。垂直方向の広がりが加わるとともに元々の構造体が持つ力強さも生かされ、家族４人の快適な住まいへと変貌した。はなれは宮本さんの仕事部屋として整備し、ウッドテラスで主屋と連結。そのことで、スムーズな動線ができただけでなく、視覚的な連続感も強まり、暮らしのスペースが外部へと広がっている。

家族のコミュニケーションの中心は、ダイニング・キッチンだ。「子どもたちは学校や部活があるし、僕も妻もそれぞれ仕事があって忙しい。キッチンで妻が料理をつくっているとき、娘たちがカウンター越しに話しかけたりしています」。ダイニングキッチンとリビングは、玄関を挟んだ少し距離感のある関係性。そのことで居場所に多様性が備わり、家族それぞれが気分にあわせひとりの時間も楽しめる。「引っ越しから4年経って、家は子育てというプロジェクトの場から、家族が合流して休む場所へと、早くも変化したようです」。今後ははなれにある宮本さん

左／ウッドテラスにはベンチを置いて、気分転換の場所に。
右／リビングの窓辺には、山形で作陶しているフランス人陶芸家ブルーノ・ピーフルの作品。

の荷物を外へ移動させ、家族共有の勉強部屋のようにして生活エリアを広げたいと目論んでいる。

　街全体に生活の場を拡張できるのも、桐生に住む面白さだと、宮本さん。「職人やアーティストも多く住んでいて、個性的なカフェやアトリエ、ギャラリーもあり、退屈しない街なんです。家の中で暮らしを完結させるんじゃなくて、いろんな居場所に身を置いて仕事をしたりのんびりできるのが、心地いいですね」。

　これまでつながった人たちと、今後は街の活性化にも関わっていきたいという。「そうしたときに、僕たちの住まい方がひとつの見本になるというか。古い街で古いものを暮らしやすく直して生活するのが、いいことなんじゃないかなと思います」。

　どっしりと根を下ろしたかに見えた宮本家だが、子どもたちが巣立つ日もイメージできるようになってきた。そのときこの家がどうなるかは、まだ未知数。カフェなどの商業施設にするのもいいし、シェアハウスやアーティストのアトリエにするのもいいだろう。

「街にはリノベーションしたくなるようなワクワクする古家物件がたくさんあるので、妻と二人になったらまたぴったりの物件を見つけて住み替えることもあり得ます。私たちは、この家にとってあくまで通過点のひとつ。いつかだれかに、このバトンを渡すのもいいなと思っています」。

宮本さんが仕事部屋として使用しているはなれは窓が多く、冬は寒いので内窓を付けて断熱性を向上。いずれものを片付けて、子どもの勉強部屋として使えるようにする予定。

はなれには宮本さんの仕事から生まれた様々な成果物や、各地から持ち帰って民芸品などが集積されている。三角の屋根なりの天井はラワン合板張りに。

上／床を 75cm ほど下げて、空いた上部にロフトをつくった子ども部屋。広さは6畳とコンパクトだが狭苦しさは感じられない。
下右／寝室には、東南アジアに住んでいた頃、バリで購入した大切な絵を飾って。ミラーはイケアで購入。
下左／子ども部屋同様に床を下げた寝室。天井が高く、半地下に潜ったような安心感がある。

湯谷家のリノベーション日記

物件探しから引越しまで約１年半。築40年の戸建てをリノベーションした、
建築家・湯谷紘介さん、麻衣さん（P.122 〜）の記録。

2018年3月下旬

初の内覧

物件を探し始めて数軒目。不動産会社のサイトに長く残っていた物件だったが、自分達が求める立地と広さ、なにより回遊できる動線と庭が気に入り有力候補に。

2018年7月下旬

要望シートを書いてみる

湯谷建築設計でお施主さんに書いてもらっている要望シート。自分達も書いてみると、夫と妻の価値観の違いが浮き彫りに。この時、めったにしないケンカをしたのはよき思い出。

2018年10月初旬

耐震診断

物件の購入前に持ち主の了解を得て、構造設計者に天井裏や床下などを見て耐震診断してもらう。天井裏には鉄製の火打ち材が確認できた。家族を守ることはもちろん、リセールを見据えるならば耐震補強は必須。市の無料耐震診断を受けると耐震設計や施工の補強費用の補助金をもらえる制度があったが、私たちのスケジュールにはどうしても合わず、利用を断念。

2018年10月初旬

物件契約

要望シートを記入して以降、設計がなかなか進まなかったが、ようやく物件の購入契約をする。手付金を支払い、2018年末に本契約となった。これから何が起こるのかという不安も抱えつつ、いよいよ始まるということで、気が引き締まる思い。

2019年1月初旬

購入後初の内覧

物件を購入後、前の持ち主が荷物を撤去されたあとの家に初めて足を踏み入れる。これからどう変わっていくのか不安もありつつ、期待のほうが大きい瞬間。

2019年2月初旬

作庭家に庭を確認してもらう

同世代でかつ同じ三重県在住の西村直樹さんに庭を頼みたいという念願が叶い、事前調査と予算確認のため現地に来ていただく。「今ある石も植えてある木も、どれもよいものばかりだから全部使いましょう！」と言ってくれたのがうれしかった。予算的にも問題なく、庭もリノベーションしていただくことに決定。

2019年2月初旬

見積り図面提出→見積り調整→工事契約

契約後、夫婦で衝突しながらさらに設計に悩みつつも、なんとか方向性が定まり、見積り図面を工務店に提出。しかし大幅な予算オーバーであったため、本当に大切なことにしぼって調整していく。断熱を窓や熱損失の大きい部分に限り、キッチンをイケアに変更するなどコツコツ積み上げ、最後は工務店の協力もあって予定金額に納まる。

2019年3月下旬

着工・解体①

解体されるにつれ内部の景色がどんどん変わっていく。初めてのリノベーション案件が自邸となることにワクワクしながら現場に通い、残すもの、解体するものを決めていった。

2019年3月下旬

解体②

床を解体すると、床下は土がむき出しで湿気の多い状態。その原因は立地が大きく関係しているため、床下に土間コンクリートを打つことに。これも設計当初は想定していなかった「開けてびっくり」のひとつ。

2019年4月初旬

改造りの儀

新築は「地鎮祭」だが、リノベーションでは「改造りの儀（あらためづくりのぎ）」として儀式を行うそう。既存の建物をつくり直してきれいにしますね、と願いを込める。

2019年4月初旬

解体後打ち合わせ

解体を終えすっきりした現場をみて、改めてインスピレーションを受ける。庭の風景を切り取る効果を得るために、縁側の天井を低くすることを提案。他の場所もどこを見せ、どこを隠すか検討する。和室と洋室が混在していたため、ひと続きの空間にしたときに床の高さがそろわないことがわかり、床組からつくり直してもらうことに。床を張り直すだけでは済まず、これも想定外。

2019年5月初旬

耐震補強

解体されてスカスカだった建物に補強材が施工されていくと、少しずつ建物が息を吹き返していくような感覚を覚える。耐力壁ができていくと同時に、自分達の計画した間取りがつくられていく。現場を訪れるたびに胸が踊る。

2019年5月下旬

浴室周囲の補強

浴室の一部構造材がシロアリ被害を受けてボロボロだと判明。土台は崩れ、その上の柱が宙に浮いている状態。リノベーションは「蓋を開けてみないと分からない」ということを思い知った。防蟻処理を施した構造材に入れ替えてもらうことに。臨機応変に対応してくれる工務店には頭が上がらない。

2019年6月初旬

床の断熱と合板敷き

補強工事が終わり、着々と工事が進む。床をめくって床下に設置する配管を敷設、床の凸凹や傾きを調整したのち、断熱材と構造用合板を敷いて床の下地が完成。

2019年6月中旬〜8月下旬

セルフパテ処理&塗装

天井・壁のパテ処理・塗装に挑戦。きれいにパテを塗るのはかなり難しく、プロの技能の高さを思い知る。まさに「餅は餅屋」。子ども達も参戦してくれたので、家に自分達の手を加えるという意味では、とてもよい思い出になった。

2019年7月下旬

木工事

細部や縁側の下り天井も施工が進む。庭を見るための大きな額縁のような窓であり、広縁。

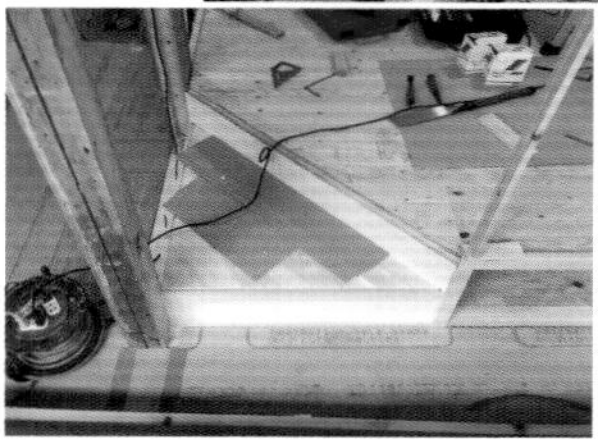

2019年 9月中旬

床の養生バラシ

ヒノキの床がお目見え。工事に関わるみんなの努力が実る瞬間。縁甲板張りにしたため、長手方向で継ぎ目がなくとてもきれいな床面ができあがった。

2019年 9月中旬

床の DIY 塗装

元家具職人である麻衣の父の協力を得て、木材が呼吸でき防汚効果を期待できる浸透系の塗料を床に塗布。範囲はダイニングキッチンのヒノキと寝室のスギで、リビングは無塗装のまま。塗装の有無による変化の違いを観察することに。

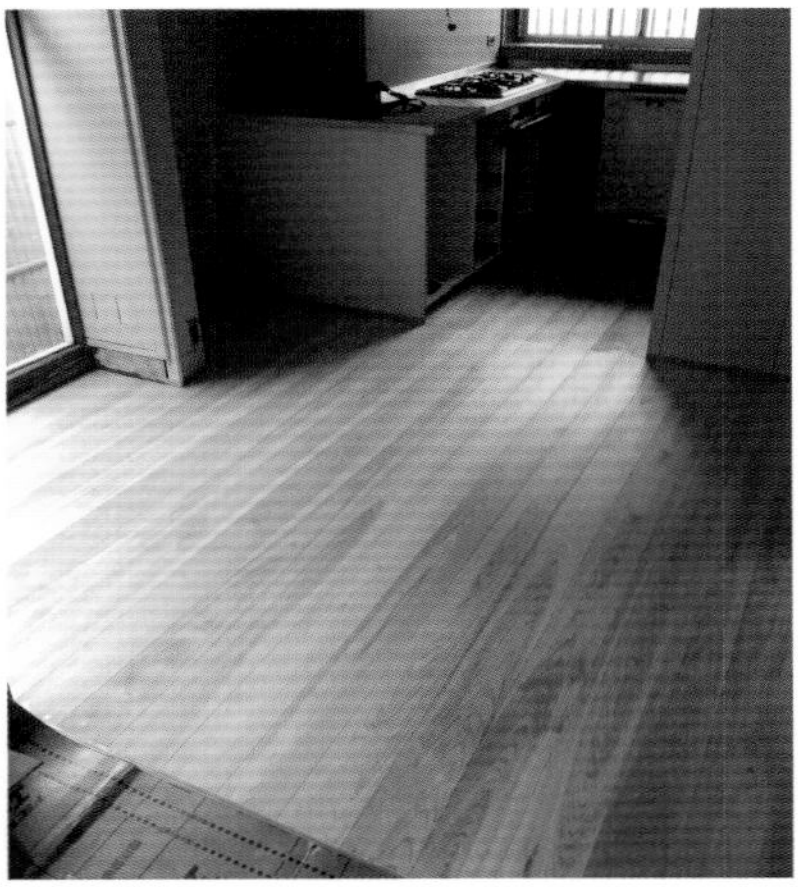

2019年 8月初旬

キッチン取り付け

現場監督と助っ人を呼んでのイケアキッチンの取り付け。キャビネット組み立てのコツをつかめば、あとはスムーズ。大きなＬ字ステンレス天板を載せる瞬間がクライマックス。

2019年 9月初旬

ポーターズペイント施工

リビングと寝室の塗料はポーターズペイントを選んだ。下地も本塗りも専用のハケを使って行う。ローラーと違って施工がなかなか進まないが、独特のハケ跡がいい雰囲気。身を持って経験することで、今後の設計に生かしていきたい。

2019年9月下旬

ウールカーペット施工

リビング小上がりのウールカーペットもセルフ施工した。細かい部分は

切り張りしているが、見た目にはほとんど気にならない。

2019年10月初旬

完成！引き渡し・引っ越し

最初に内覧をしたときとは一変した景色が、ついにお目見え！ここまでいろいろとあったことも報われる瞬間。工務店や、関わってくれた職人さんたちに感謝。それまでゆとりある借

家に住んでいたので、荷物がたくさんあり大変な引っ越し作業に。

2019年10月初旬

竣工写真撮影

生活して住みこなしていくこれからが、家づくりの仕上げ。始まりの記録と、事務所のホームページに掲載するため、写真家に竣工写真の撮影を依頼。ここから家も庭もどう変わっていくのか、楽しみ。

2019年11月初旬

初の大人数でのパーティ

妻の誕生日に、両家の家族を招き一緒にお祝い。両家とほどよい距離にある場所としてこの物件を選んだため、ひとつの目標を達成できた瞬間だった。拡張可能な丸テーブルが予想通りの大活躍！どうしても導入したかった家具のひとつをさっそく生かせて、満足感に浸った。

CASE NO. 8

古さを前面に出さず 北欧家具の似合う空間に。 リセールも視野に入れた 部分リノベーション

子どもが育つまでの時限的な住まいとして、
大きめサイズの古家を購入。
改修の範囲を限定してコストを圧縮しつつ、
多様な居場所があるリビングをつくった。

（三重県　湯谷邸）

リビングにはウェグナーのデイベッドを置いて。エアコンは壁の中に組み込んだので目立たない。床は無節のヒノキ。

縁側も取り込んだゆったり広いリビング。構造上必要だった２本の柱は、小上がりと絡めてゾーニングに利用した。淡いブルーグレーの壁は自分たちで塗ったポーターズペイント。写真左のペンダント照明はミッドセンチュリーのストリングスランプ。

24

右上／小上がりの床にはシンコールのウールカーペットを敷いた。冬は暖かく、夏でもサラッとして肌触りがいい。
右下／リビングからダイニング・キッチンへの見通し。視線が長く伸びることで広さを感じることができる。
左／小上がりから縁側空間と庭を見る。隣地との境は擁壁があるので、庭に人目が届かずプライベート感があり、カーテンなしでもくつろげる。

窓辺にベンチをつくったダイニング。テーブルはデンマークのビンテージ。「いいテーブルは空間の質を高めてくれるので、最初から予算に組み込んでおきました」と紘介さん。ペンダント照明もデンマークのデザイン。テーブルの向う側にあるふたつの子ども用の椅子はバンビーニ。手前にあるのはtane. のもの。

上／２階の一室を長男がいつでも使えるように、システム家具を入れて整えた。
中／玄関とダイニングの壁・天井はクロスの上から水性塗料を塗った。床板の新しい部分は、右手の収納を使いやすくするため新設した。
下／ゆったりしたカウンターが使いやすい洗面コーナーは、パントリーからリビングへの動線にもなっている。

BEFORE

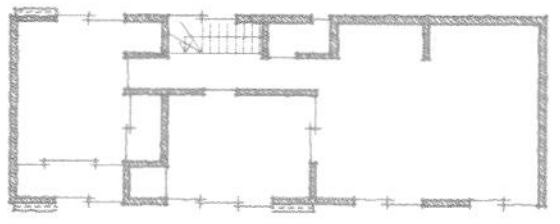

2F

1F

CASE NO. 8

湯谷邸

延床面積：155.95㎡

1階：97.94㎡ 2階：58.01㎡

家族構成：夫婦＋子2人

建築年：1973年

改修竣工：2019年

設計：湯谷建築設計

施工：奥野建設

AFTER

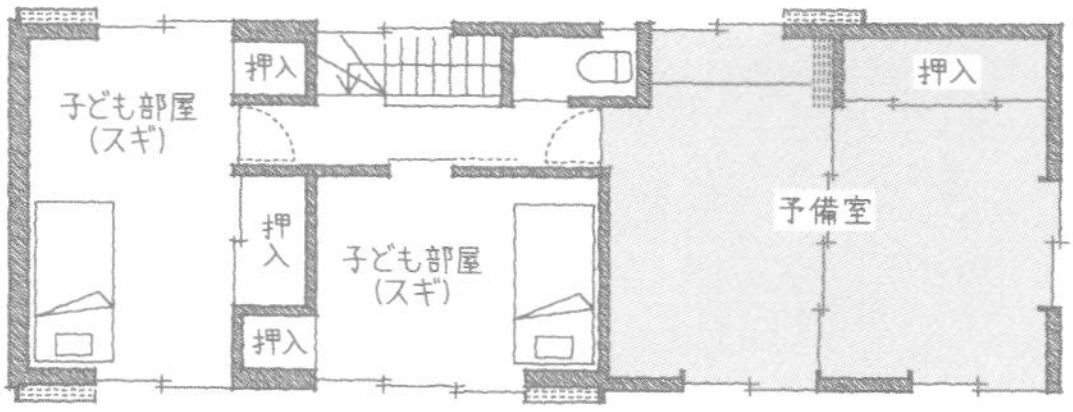

2F

家の中央部分にウォークインクロゼットを設置。通り抜けを可能にして動線をつくるとともに、収納内に空気がこもらないようにした。

既存窓辺にベンチを造作。テーブルをベンチに寄せて配置することで、キッチンから廊下、リビングへの動線を確保。

リビングでは床の間をテレビの置き場にしたり、押入れを改造して学習机を組み込んだり、既存部分を工夫しながら住みやすくアレンジ。

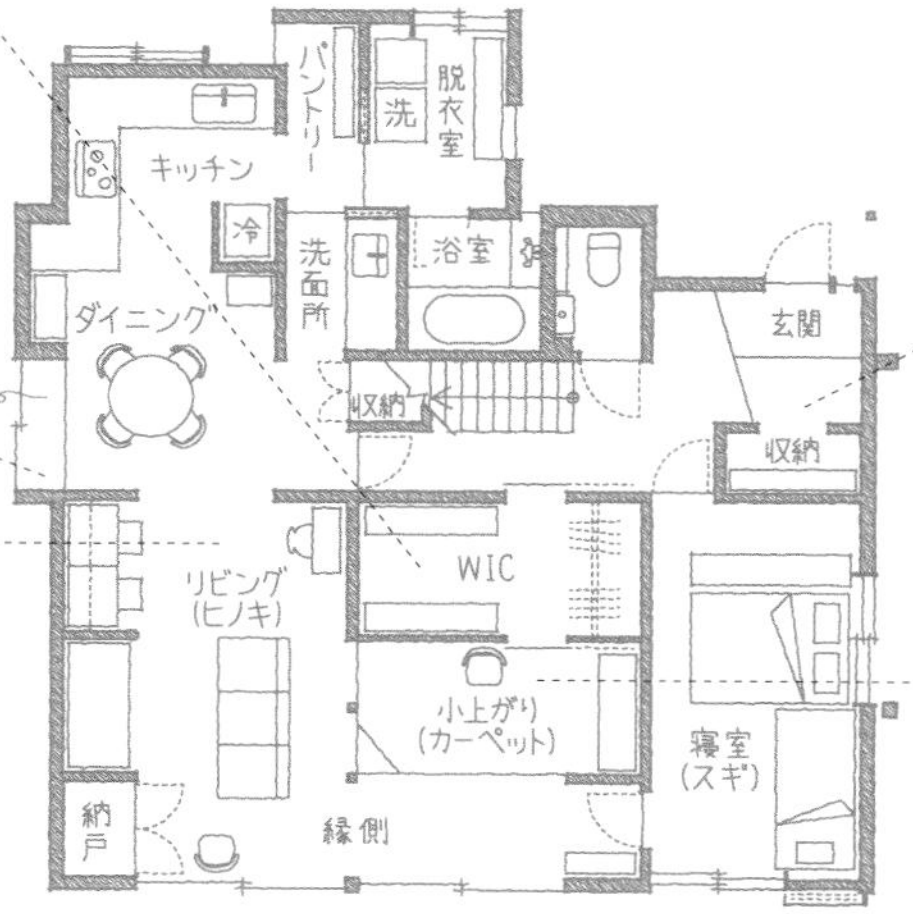

1F

玄関では、個室側から使っていた押入れを玄関収納として取り込み、収納から靴の出し入れをしやすいように床面を拡張した。

小上がり部分は、子どもが腹ばいで本を読んだり妻がヨガをしたりできるように、肌触りのいいカーペットを敷いた。

グレー部分はリノベーション対象外

オブジェのような椅子は麻衣さんのデザイン。

ぺたりと座って庭を見る縁側って気持ちいい

縁側空間とそこから見える庭には、そこはかとなく懐かしさが感じられるが、ビンテージのソファやテーブル、青みがかったグレーが基調のシンプルなインテリアには、北欧の雰囲気が漂う。時代や国を超えた普遍的な居心地よさ、とでも言ってみたくなる。

この家の住み手は、建築家の湯谷紘介さん・麻衣さんと、二人の子どもたち。リノベーション設計も、もちろん湯谷さん自身が手掛けた。

中古購入＋リノベーションの動機づけは、相対的なコストを抑えたいという現実的なニーズだった。「子どもが巣立つまでの仮の住まい」と潔い。将来的に値崩れしにくい立地を選んだのも、リセールを念頭に置いたためだ。物件は延床面積１５６㎡とやや大きめだからか、好立地でありながら売れ残っていたため割安での購入が可能に。設計事務所を併設するか、将来両親と同居するか、といった不確定要素も視野に入れて探していた夫妻にとっては、家の広さは好都合だ。購入時点で築40年程度と、さほど古い建物ではない。だから、懐古的な趣を前面に生かしたデザインに振り切ることもしなかった。

熟慮の末、事務所は別に構え、この家は住居専用とすること

柔らかい床の素材や段差が、さまざまなくつろぎのスタイルを生む。

に。玄関やキッチン、浴室など水まわりの配置は既存を踏襲しつつ、家事動線や視線の抜け方を考えて間取りを組み替えた。工夫のひとつは、家の中央にウォークインのファミリークロゼットを配置したこと。また、洗濯や炊事、収納といった家事に絡む場所に通り抜けができる動線を複数設定。西側のダイニング・キッチンと南側の和室二間を連続させてＬ字型のＬＤＫとし、長く伸びる視線の抜けをつくった。

その際、過去に増築されたらしい縁側部分もリビングに取り入れた。耐震性を保つためどうしても撤去できない通し柱が残ったので、柱で区切られた4畳ほどのスペースは、床をかさ上げして小上がりに。広い空間が引き締まり、リズムが生まれた。カーペット敷きの小上がりは、子どもたちがおもちゃを広げたり、腹ばいで本を読んだりするのにおあつらえ向きだ。

ダイニングには、元々あった窓辺のニッチを利用してベンチを造作。それが拠り所となってテーブルに求心力が生まれた。北側奥のキッチンからダイニング、リビング、庭までが、領域を変化させながらつながり、伸び伸びした印象を与えている。

ゆるゆると変化しながらつながるＬ字のＬＤＫには、実にさまざまな居場所がある。ダイニングのテーブル、リビングのソファ、小上がり、縁側。家族はそれぞれ、気の向いた場所で好きなことをしながら、お互いの存在を感じ合い安心して過ご

左／ダイニングの明るい窓辺。造作したベンチの下は収納になっている。
右／麻衣さんが販売を手掛けるシステム家具イキクッカを押入れに組み込み、学習コーナーに。

すことができる。よく言われる「ほどよい距離感」とでもいうものが、常にべったりの息苦しさから解放してくれる。

この家を選んだ大切な理由がもうひとつある。それは、プライベート感のある庭だ。「食事をしているときも、みんななんとなく庭に目をやりますね。この庭なら大事にしたい、という思いがあるので、草取りも苦になりません」（麻衣さん）。南側に隣家の擁壁が立ち上がっているので、周囲からの目が気にならない。縁側空間の快適性も、この庭があってこそ。造園家に仕立て直してもらったが、ウメやマツ、マキなど歳月を経た樹木は残し、大きな庭石も再利用した。同じ庭をゼロからつくろうとしたら、コストは膨大になったはず。熟成された雰囲気を、時の贈り物としてありがたく受け取っている。

引っ越しから2年半。この間、子どもの成長に合わせて少しずつ変化を加えてきた。元のまま収納として使っていたリビングの押入れは、襖と中段を撤去。システム家具で学習机を組み、勉強コーナーに変身させた。「子どものものがどんどん増えるので、今後も家具の組み換えや移動が多発しそうですね。必要に応じて遠慮なく手を加えていけるのも、中古リノベーションのいいところです」と紘介さん。子どもがさらに成長すれば、２階の個室へ移ることもできる。部屋数のゆとりというアドバンテージは、そのときに発揮されることだろう。

リビングからダイニング・キッチンを見通す。気に入りのテーブルを囲んで家族団らんのひととき。

CASE NO. 9

自然豊かな鎌倉の保育室併用の住まい。土地になじむ古家で地域に根づいて暮らす

この家との出会いから、
建築やインテリアのへの好奇心が膨らみ
趣味や仕事にも変化が起きた。
日本家屋特有の陰影を味わいながら、
保育室で幼い子どもたちの成長を見守る。

（神奈川県　林邸）

磨き込まれた床が子どもたちの足裏をやさしく受け止める、家庭的な雰囲気の保育室。天井を抜いて小屋裏を取り込み伸び伸びした印象に。

上／保育室の専用玄関は、元々あった出入り口に下駄箱を造作したりたたきにタイルを張るなどの手を加えた。保育スペースは8畳ほどとコンパクトだが、庭への開放感もあり小さな子どもたちにはほどよい広さ。
下／保育室の前には元々石張りのテラスがあり、外でおままごと遊びをするのにぴったり。防音や断熱のため、この部屋にはインナーサッシを設置。

元は浴室があった日当たりのいい場所を、リビングの出窓コーナーに変更。窓際にカウンターをつけるアイデアは前川國男邸から引用したもの。夫はここでリモートワークをすることも。タイル張りのテーブルは、フランスのロジェ・キャプロン。ルネ・ジャン・カイエットのキャビネットを設置し、窓辺のコーナーとソファの場所をやんわりと区切った。

上／傷んだ板壁を交換するなどして元の姿を保った外観。鎌倉の緑豊かな宅地になじむ、昔ながらの佇まい。
中／奥深い庭の一角にはかわいらしい小屋が。物置だったプレハブを板張りに変え、子どものためのアトリエにした。
下／握り玉のついた玄関ドアや、内外両面に明かりを提供する玄関灯も元のまま。郵便受けは玄関の雰囲気に合うものを新たにあつらえた。

客間からダイニング・リビングへの見通し。冷暖房の効率を考え障子で仕切ることもできるようにした。垂木が連なるリズミカルな景色を損なわないように、鴨居から上はガラス張りに。天窓は既存のものを生かしている。

上／リビングとダイニングの間に、新たに耐震壁を設けてエリアを分けた。木のルーバーで覆うことで柔らかさを出し、隙間に板を挟めば飾り棚になる。
下／アアルトのゴールデン・ベルを2灯吊るしたダイニング。ふだんの食事はリビングでするので、ダイニングは来客のときなど、改まった場面で利用している。

ペンダントライトは、1960年代にフランスの工場で使われていたビンテージ。キッチンの腰壁の大谷石が、古家の柔らかさとハードさのある設備やインダストリアルなものとのつなぎ役に。

右上／庭のアトリエ小屋は室内も板張り。窓や引き戸などの古建具を購入して取り付けた。椅子はビンテージショップで購入したフランス製のラタンチェア。
右下／洗面台は合板で箱を組んでモルタルを塗り、ベッセル型の洗面ボウルを設置。下部には古建具を取り付けて収納に。
左上／2階は、二間をつなげた10.5畳の寝室。一角にはビンテージの製図板を置いて書斎に。出窓は既存で、下が書棚になっている。障子は断熱のため新たにつけたもの。

上／リビングから玄関を見たところ。玄関が暗くなりがちなので、リビングの引き戸や廊下とリビングの間の壁をガラスにして、光を廊下まで届ける。古家具を靴箱に転用。
右下／既存の階段は手すりにいい艶が出て時の流れを感じさせる。壁に新たに貼った柿渋の和紙は、古材と釣り合う存在感。照明器具は大正時代の日本のものを購入して設置した。
左下／廊下から玄関を見たところ。ドア上の欄間には木の装飾があり、シルエットが浮かび上がる。グレーの壁はモルタル左官の二度塗り。

BEFORE

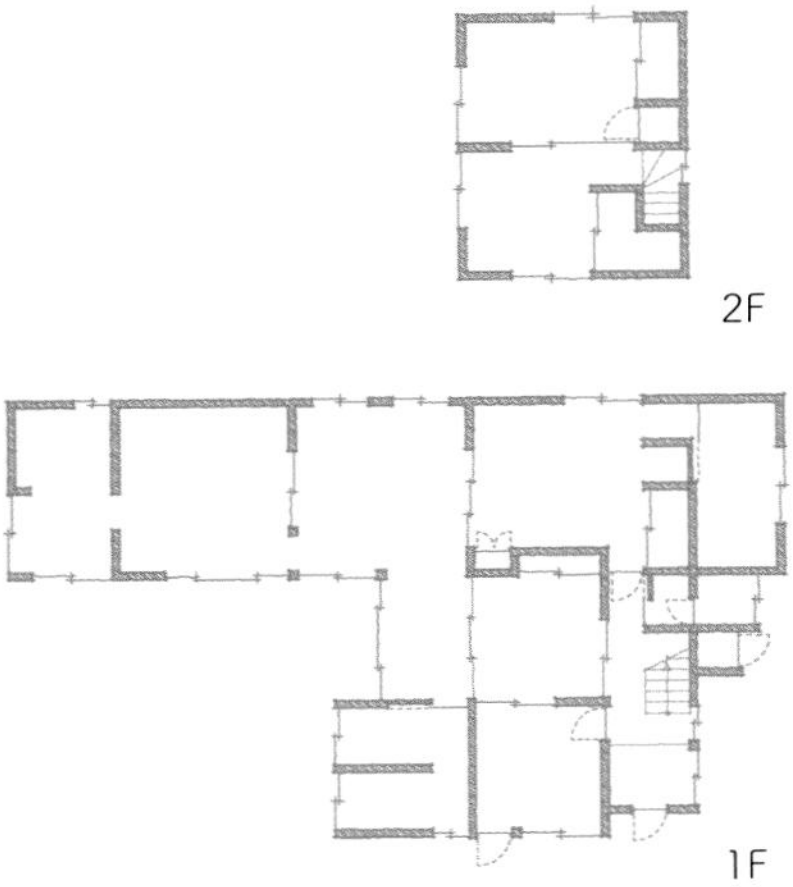

CASE NO. **9**

林邸

延床面積：121㎡

1階：96㎡　2階：25㎡

家族構成：夫婦

建築年：1959年

改修竣工：2017年

設計：宮田一彦アトリエ

施工：五十嵐工務店

AFTER

妻が営む保育室。専用の玄関と水まわりも完備した。日当たりがよく、子どもたちが健やかに過ごせる。生活エリアから少し距離があるのも好都合。

保育室のバックアップスペースとしても機能する予備室。保育室に収まりきれないものを置いたり、スタッフが休憩したり多目的に使用できる。

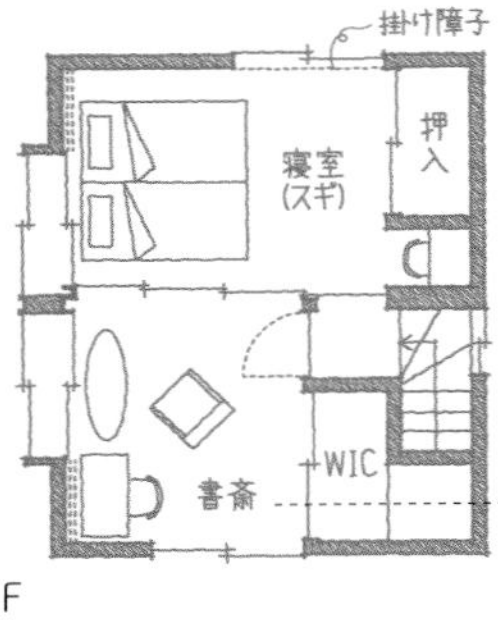

二間続きの2階は、間仕切りを開け放って一間の寝室として広々利用。ときには仕事もできるように、一角に製図板を置いて書斎に。

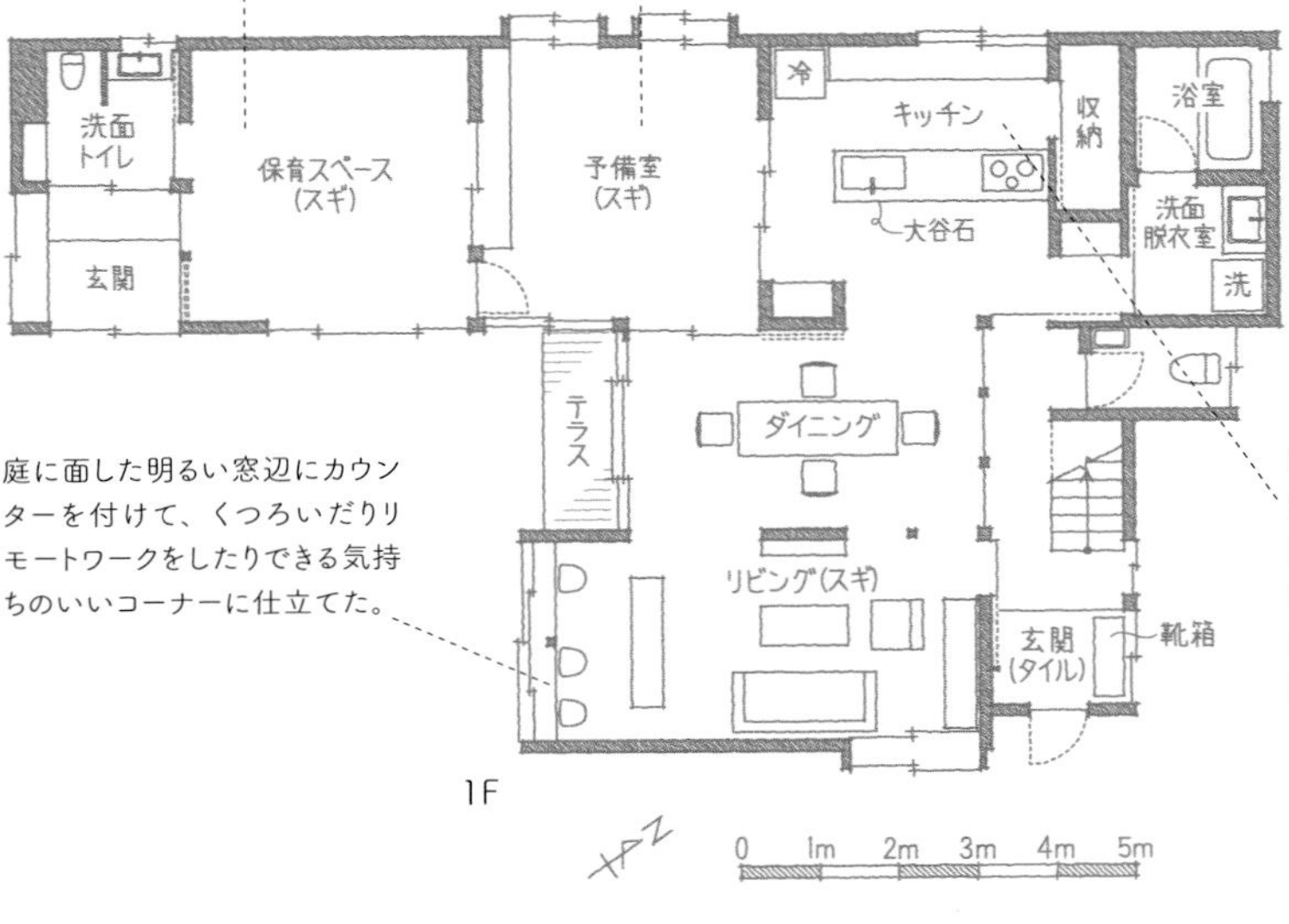

庭に面した明るい窓辺にカウンターを付けて、くつろいだりリモートワークをしたりできる気持ちのいいコーナーに仕立てた。

家全体を見渡せる要の位置にキッチンを配置。洗面・浴室にも近いので家事効率もよい。ダイニング、リビングまで視線が抜けて広さを感じられる。

庭を眺めながらぼうっとできるリビングの窓辺。
窓にはペアガラスのサッシを使用。

ほの暗さの中に佇む名作家具たちの光景を愛おしむ

鎌倉駅から徒歩20分ほどの静かな住宅地。門扉には小さく「おうち保育室もりもり」のサインが見える。ここは林さん夫妻の住まいで、妻が営む保育室を併設している。都内に住んでいた夫妻の鎌倉移住は、「もっと自然豊かなところで暮らしたいね」という何気ない会話から始まった。夫は転勤の多い職種で、「一生家など買うつもりはない」はずだった。しかし、夫が不動産サイトで古家の物件を見つけると、翌週には内見。次に妻も同行するとすんなり購入を決めてしまう。予想もしない急展開だった。

１９５９年の建築で、内見時は築55年。10年ほど空き家だった室内には前の持ち主の残置物があり、奥行き深い庭は大木で覆われ暗かった。「そのときは少し怖い雰囲気がありましたが、庭も広く、室内も手を入れたらよくなると直感しました」（夫）。主屋に付け足されたような隠居部屋があり、L字の建物が広い庭を囲んでいる。「そこで念願の保育室ができそうだと、イメージが膨らんだのが決め手でした」（妻）。

購入後、リノベーションを数社に相談した中で、設計を建築

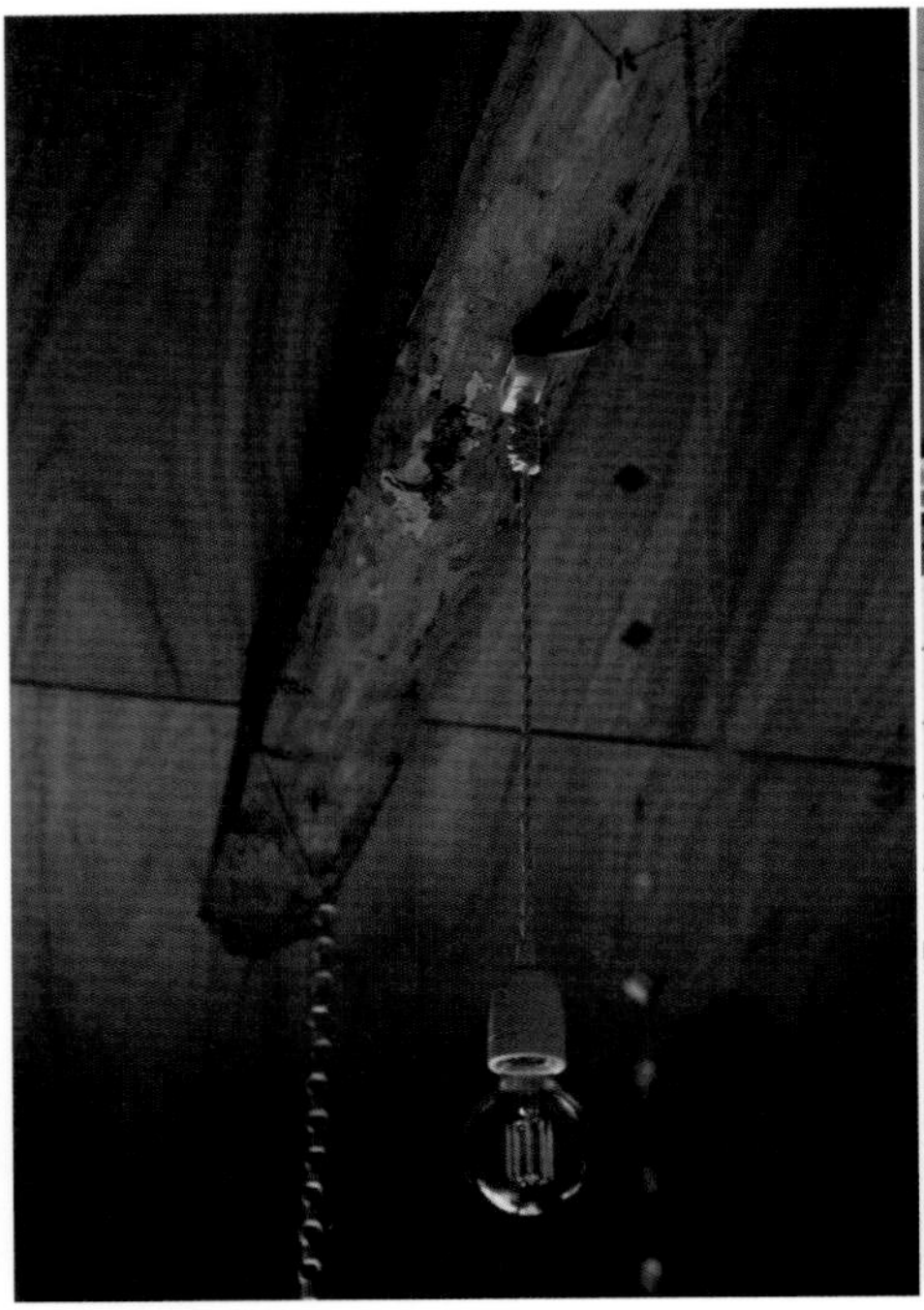

左／保育室の天井には素朴な梁を表しに。
右／廊下とリビングに光を行き来させるガラスの間仕切り。型ガラスが古家の趣に調和する。

家の宮田一彦さんに依頼した。宮田さんは自宅も古民家をリノベーションしており、経験が豊富。訪問するとデザインのセンスやビンテージ家具の魅力の虜になったという。

この家はたくさんの和室が集合した古民家だったが、不要な壁や建具、天井板を取り払ってスケルトンに。日当たりのいい東南の角をリビングにあて、古い梁や野地板が見える小屋裏を開放しておおらかな空間をつくった。

腰板壁の縦胴縁が縦方向の伸びやかさを強調し、古い梁に呼応するしっとりした木目を見せる。そこに夫はジョージ・ネルソンのランプやウェグナーのデイベッド、ルネ・ジャン・カイエットのキャビネットなど、欧米のインテリアを融合させた。キッチン、洗面、浴室は北側の一角へと移動。主屋から飛び出した隠居部屋は、当初妻が思い描いたとおりに保育室として使えるよう、設備や内装を整えた。

キッチンには大谷石、壁には和紙といった昔から日本の家で使われてきた素材に、モルタルやラワン合板などレトロモダンな素材を組み合わせ、新しくも懐かしさを感じるインテリアに。天井付けの照明は少なく、お気に入りの照明器具で気分に合わせた明るさをつくる。

リビングでのリラックスタイムは、いつの間にかデイベッドを背もたれにして床に座るのが定番に。家具は欧米のものでも、

左／子どもたちの身長の記録を古い柱に刻む。
右／保育室の玄関のたたきには、工務店からもらった半端なタイルを自分たちで張った。

昔ながらの空間が床座のくつろぎ方へと促すのかもしれない。「日本家屋にはほの暗さが似合いますし、床に座ると気分が落ち着きます」（夫）。

夫はリノベーションの過程で、日本家屋やインテリアへの好奇心が一気に高まった。「とにかく四六時中、どうしたらこの家を生かせるかを考え続けていました。前川國男や坂倉準三といった昭和の著名な建築家の家を研究したり、見学に行ったり。イメージを蓄積して宮田さんと共有する作業が、すごく楽しかったですね」。

そして引っ越し後、その興味が高じて転職までしてしまった。「全国から依頼を受けて古い建物を再生し、新たな生命を吹き込む仕事で、とてもやりがいがあります。古い家には、建物がその土地になじむ〝時間〟まで手に入れられる、という価値があるんです」。この家をきっかけに、新築にはないその魅力を仕事を通して世の中に伝えている。

妻は夢だった保育室をスタートさせ、今では地域の子どもたちが生き生きと遊んでいる。「保護者の方からも『この場所が好き』と言っていただけるのがうれしくて」。毎日水拭きするスギの床は、子どもたちが走り回って浮造りのように木目が浮き上がり、艶が出てきた。古びれば古びるほどよくなる家だから、そうした変化も日々の喜びにつながっている。

CASE NO. 10

おおらかな街の雰囲気を重視した物件選び。素材のよさを生かして静謐な空間に再構成

緑豊かな遊歩道やゆったりした街区の恩恵に浴する
バブル期の分譲地で、当時最先端の住宅を購入。
つくりのよさを生かしたリノベーションで、
家の広さと心のゆとりを手に入れた。

（神奈川県　K邸）

リビングからメインリビングへの眺め。壁を撤去して贅沢なまでの広さを実現。古い柱を温存し、壁が減った分、強度をスチールの筋交いで補った。

下・左頁上／メインリビングは既存の天井板を外して２階床裏や梁のラフさを見せ、床はカーペットを敷いて硬軟織り交ぜた空間に。バラバラの既存窓をカーテンで覆うことで統一感を出した。

下／筋交いがあって通り抜けしにくい場所には、テレビボードを兼ねた棚を造作。リビングとメインリビングが緩やかに区切られ、テイストの異なるインテリアがひと続きの空間に違和感なく収まった。

下／リビング・ダイニングの壁・天井は、墨を混ぜたグレーの漆喰に変えたが、フローリングは質のいい既存のまま。廊下との間仕切りをガラスにして光を行き来させ、視線の抜けをつくった。

左上／天井を撤去した分、空間に高さが出たリビング。

左下／リビングとホールの間にオリジナルの木製ガラス吊り戸を製作。長押から上もガラスにしたので空間の連続性を感じられる。

上／リビングの天井板は残し、奥のメインリビングとは違ったライトな雰囲気に。ゆったりした飾り棚には、夫が母から譲り受けた大ぶりの装飾品を飾って。既存の柱によって広いスペースが間延びせず、ほどよい区切り感が出た。
下／階段をスケルトンにしたことで生まれたゆとりの階段下スペースは、好きなポスターを飾るギャラリーに。

リビングとホールの間仕切りをガラスに変え、２階をファミリールームとして階段ホールとつなげたことで、開放的で見ごたえのある吹抜け空間が誕生した。鉄骨階段は軽やかで視界を遮らない。

CASE NO. 10

K邸

延床面積：143.25㎡

1階：94.40㎡　2階：48.85㎡

家族構成：夫婦＋子２人

建築年：1987年

改修竣工：2021年

設計：荻 逃魚＋梶山 英幸／
N&C 一級建築士事務所

施工：サブチャーター

BEFORE

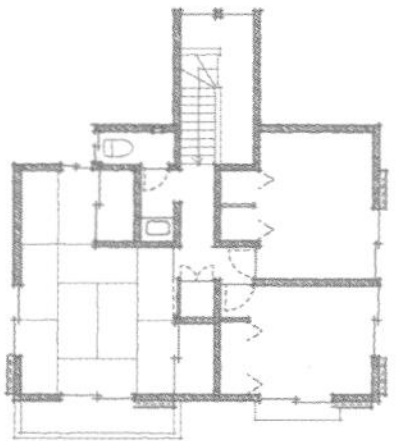

AFTER

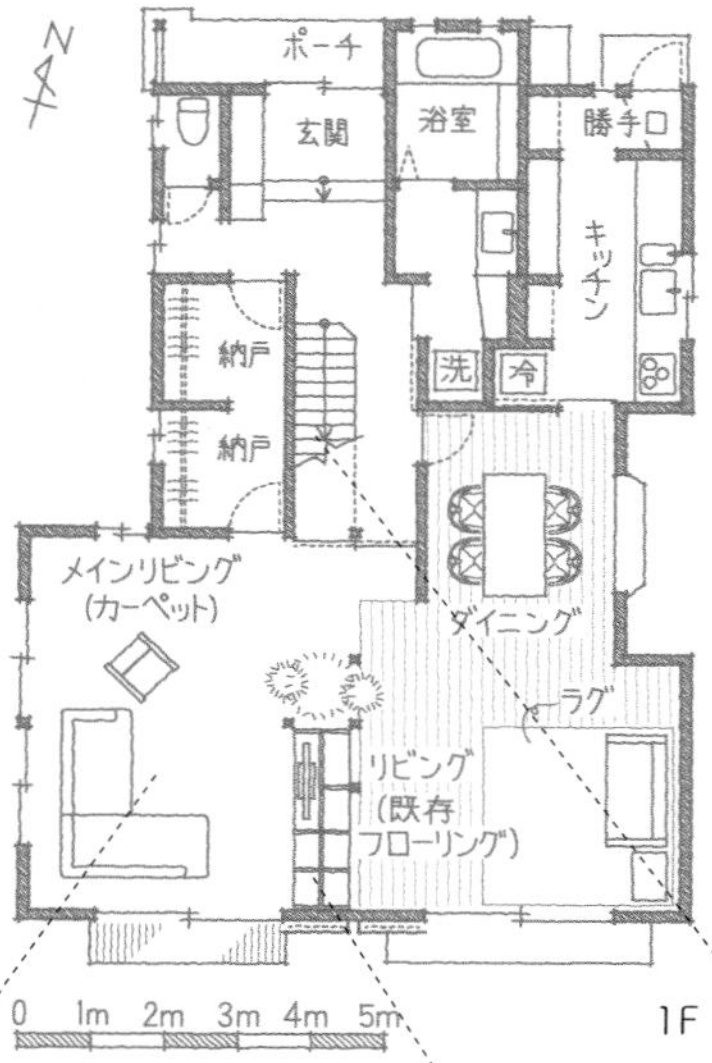

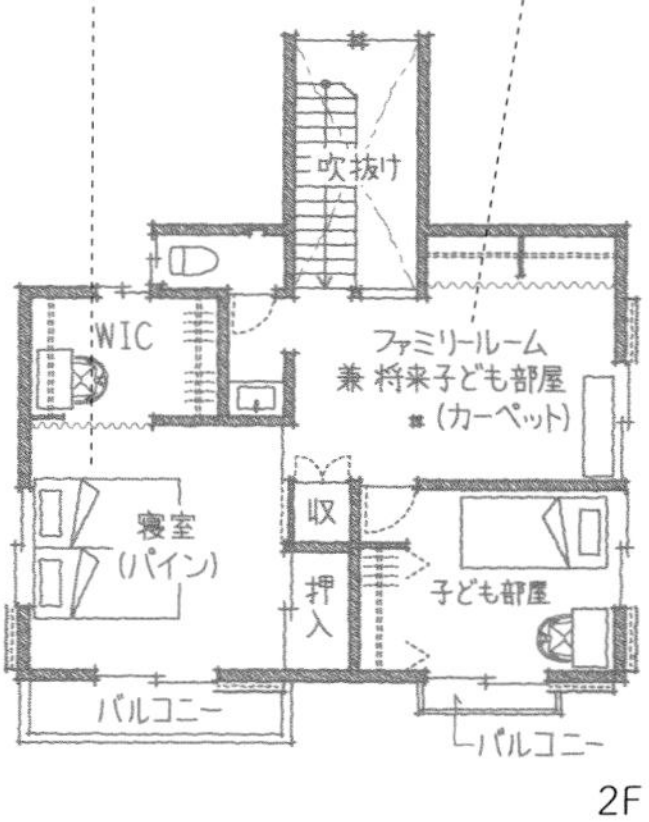

寝室は畳を板張りに、砂壁は水性ペンキ塗りに変えただけの簡単な改装にとどめた。ハンガーパイプを付けたWICは、妻の書斎にもなる。

階段ホールが暗かったので個室の壁を取り払い、光が回るようにした。家族共有の広々したファミリールームには、予備のクロゼットも増設。

二間の和室と押入れをなくしてメインリビングに。リビング・ダイニングと連続する伸びやかな空間で、二階床裏と構造材が露出するラフな眺め。

耐震性を補強する筋交いを設け、両面から使用できるテレビボード兼収納家具を造作。ふたつのリビングを緩く区切り雰囲気の異なる居場所をつくった。

急で上りにくかった階段はスケルトンにつくりかえ、リビングや2階のファミリールームとも視覚的につながる明るい吹き抜け空間に。

味わいの出た石垣調の擁壁や十分に育った植栽が、門扉まわりに年輪を感じさせる。

時が醸成した いい住環境で 暮らせる安心

Kさんの家は、バブル期に神奈川県郊外に開発された閑静な住宅街にある。最寄り駅から車で10分とやや遠いが、スーパーがすぐそばにあり、家の横には緑豊かな遊歩道が整備されている。「この開発地一帯の分譲住宅は、当時2億円ほどしたと聞いています。その頃入居した人たちがまだたくさん住んでいるので、街全体にゆとりを感じるんです」。

Kさんは以前、都内の中古ワンルームマンションを所有していた。自分なりにリノベーションをして、好きなインテリアを楽しんでいたが、結婚して二人目の子を授かった頃から、郊外に子育てしやすい一軒家を持とうと考えるようになった。「経験上、室内はリノベーションで自由に変えられるとわかっていたので、室内の状態よりもまわりの環境を重視して選ぼうと決めていました」。

左／玄関は壁を塗り替えただけで、北側の高窓も既存のまま。漆喰壁で光が拡散されて吹き抜け全体が明るい。
右／ウェグナーのデイベットとラグで居心地よく設えたリビングのコーナー。

まずは、親しい友人が住む近くのエリアに引っ越して、賃貸で暮らしながら中古物件を探した。「買い物がてら散歩をしているときに、遊歩道沿いのこの家を見て『いい家だな』と気になっていたんです。ある日何気なく不動産サイトを眺めているとここが売りに出ていて、すぐに内見を申し込みました」。

鉄道会社が力を入れて開発した分譲住宅地だけあって、建物もいい材料を使ってしっかりつくられていた。内見時に会った品のいい夫妻は、別荘地に終の棲家を建てて引っ越すのだという。家の中は、大切に住まわれてきた様子がうかがえた。

「内見の印象は典型的な日本家屋という感じ。階段も急だし、部屋が細く区切られていました」。

Kさんは費用を明確にした上で、工事の内容に優先順位をつけた。「絶対にやりたいこととして、急で上り下りしにくい階段をつくり変えること、壁は可能な限り漆喰塗りにすること、リビングに床暖房をつけること、と決めて。全体のバランスや細かい部分は、建築家の荻さんに任せました」。

リノベーションの内容は、元々のリビング・ダイニングに和室二間を統合して、広く。懸案だった階段は、2段増やすことで勾配を緩やかにして、蹴込み板のないスケルトン鉄骨階段に替えることで、南北に光を行き来させる。3室に別れ閉鎖的だった2階は、暗かったひと部屋の壁を取り去って明るいファミ

左／２階寝室の奥のWICは、妻の仕事スペースとしても使用。
右／ファミリールームは三輪車で走り回れるほどゆったり。

リールームとした。

内装はグレーがかった漆喰がメイン。すべての部屋を漆喰塗りにすると高額になるため、2階は似た色調のクロス張りにして、目立たない部分で上手にコストを絞っている。

友達が気軽に集えるようにと38畳に拡張されたリビングとメインリビングは、造作のテレビボードと補強のためのブレース（筋かい）で緩やかに仕切られている。リビングでは既存のフローリングと天井を生かした一方、和室だったメインリビングは天井を抜いて構造材を表し、床はカーペット敷きとした。ふたつの場所にそれぞれ異なる趣を添えたことで、広い空間が緩やかに区切られ、多様な居心地が生まれている。

建具や造作家具の一部は手を加えずそのまま使用することにした。「本物の木でつくられているため、経年でいい色になっています。デザインもシンプルだから時代遅れに見えません。古い部分の風合いのよさを優先し、新しい部分を塗装してなじませました」と荻さんは話す。

「子どもたちが広いリビングで走り回って遊んでいる姿が微笑ましいですね」と妻。家の横の遊歩道は、もうすぐ長女が通うはずの小学校まで続いているから、安心して通わせることができる。家の中のゆとりと、得難い住環境を同時に手に入れられたのは、リノベーションという選択肢があってこそだった。

CASE NO. 11

70㎡のマンションから
古い小さな平屋へ。
柔らかな白と古材で
緑映える住まいに

一軒家に落ち着きたいと、
オーシャンビューのマンションを手放した。
見通しのいい角地で平屋が囲む庭は明るく、
醸成された古材と白のハーモニーに
成長した植栽が加わり、完成を見た。
（神奈川県　渡辺邸）

高さ2.2mの大きなサッシは断熱性の高い樹脂サッシ。引っ越してから新たに植えた木々もだいぶ成長し、ほどよく周囲からの目隠しになってくれている。ペンダント照明はルイス・ポールセン。

右頁上／壁際のチェストはデンマークのビンテージで、以前から持っていたもの。
右頁中／ソファはカイ・クリスチャンセン。愛犬のトイプードル・ケイキちゃんと一緒にくつろぐ。
右頁下／新たにつくったウッドテラス。増築部分（写真正面）の外壁の板張りと呼応して、庭にまとまり感が出た。
左／ダイニングテーブルは木工作家・吉川和人のもので、念願かなって昨年買い換えたばかりだそう。奥の高窓はFIX。東向きなので朝日がキラキラと差し込む。柱は白く塗って空間に溶け込ませ、梁と束は木肌を見せている。

ダイニングからキッチンを見たところ。左の引き戸を開けると寝室。細かった梁は下から添え梁で補強。

上／キッチンからダイニング・リビングへの見通し。袖壁の上半分を取り払ったので、適度な籠もり感がありつつ閉塞感はなく、快適なキッチン。背面のカップボードを造作した。
下／「キッチンは少しハードな雰囲気にしたくて」と、サンワカンパニーのオールステンレスキッチンと、床のタイル仕上げを選択。床タイルは「どこかに入れたかった」ヘリンボーン張り。壁のタイルは色合いやテクスチャーに深みのある美濃焼で、インダストリアル調と古家のビンテージ感をつなぐ。

上／増築した寝室は、フラットの板張り天井でこぢんまりと心地よい空間。広々したリビングとのギャップで気分の切り替えができる。
下／庭木にはオーストラリアプランツを中心にした植栽を選び、この場所のもつ明るさを際立たせるとともに、海に近いエリアのリゾート感を演出。

BEFORE

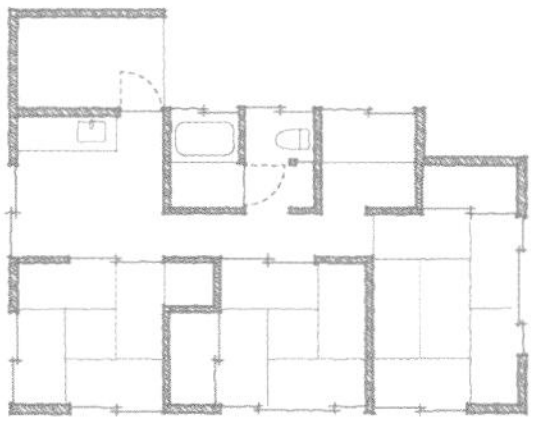

CASE NO. **11**

渡辺邸

延床面積：62.14㎡

家族構成：夫婦＋犬

建築年：1969年

改修竣工：2016年

設計：エンジョイワークス

施工：ワイズホーム

AFTER

無駄な廊下をつくらず、できるだけの広さをリビング・ダイニングに吸収。構造的に必要な柱は残しつつ、天井を外し屋根裏空間も取り込んで広々と。

増室した部屋が庭を囲むことでプライベート感がアップ。リビングから出入りしやすくなるように、新しくウッドテラスをつくった。

水まわりを北西角にまとめることで配管を合理的に。半個室型のキッチンには垂れ壁をつくらず、他室との連続感を保つとともに明るさも確保した。

広さを補うために6畳の個室を増築し、寝室に。ほぼワンルームの生活空間から少し距離を感じることができ、庭の眺めも違った角度で楽しめる。

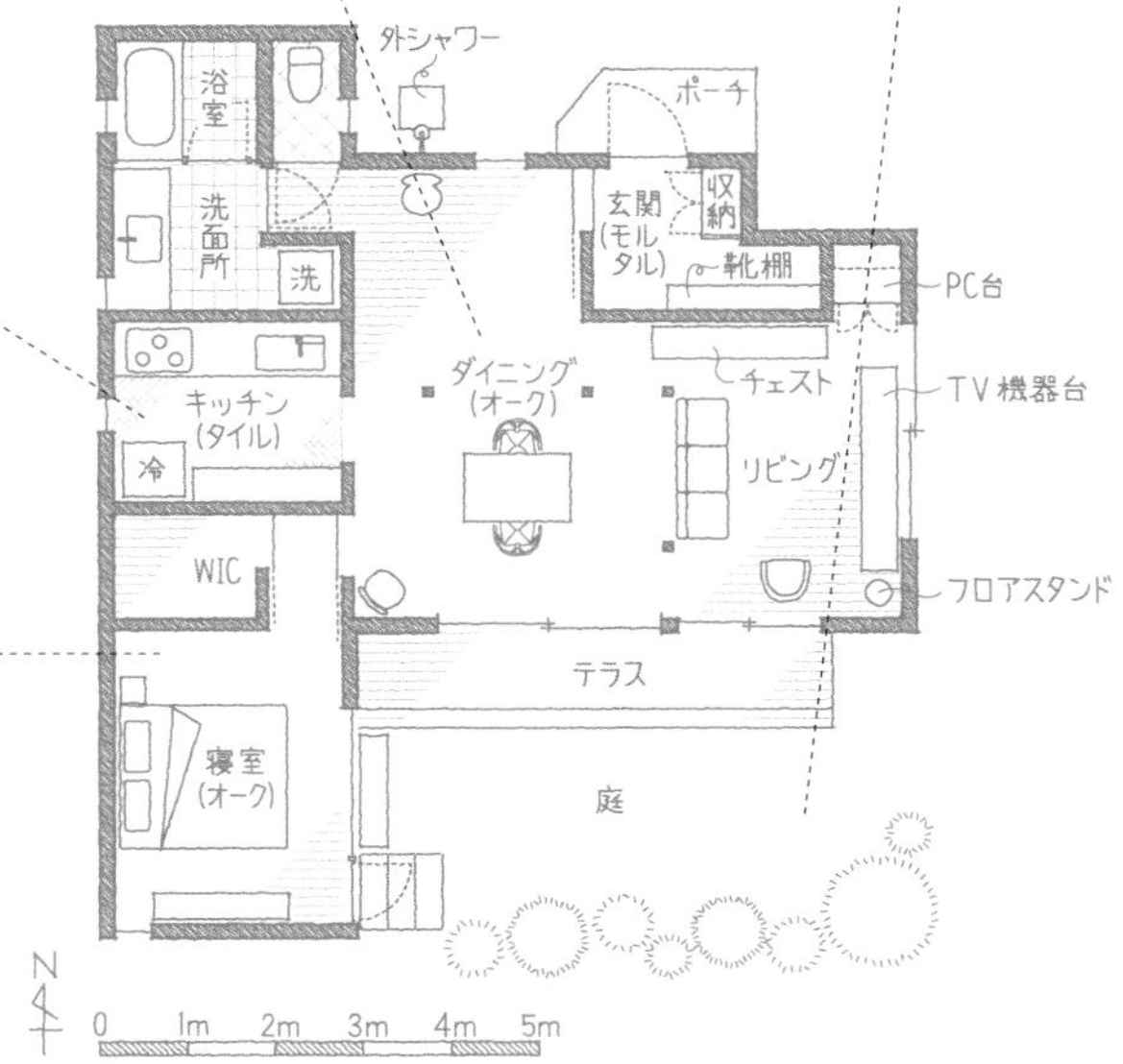

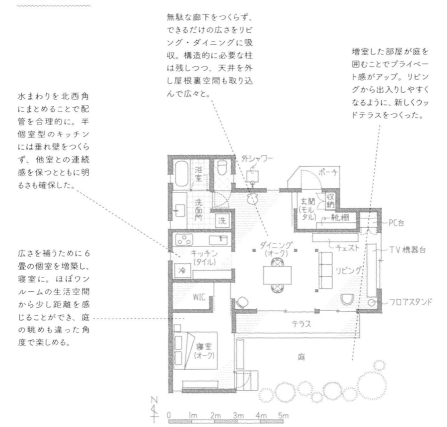

リビングの壁はガラス粉入りのニュアンスのある塗装で仕上げた。

部屋を眺めているとまるでずっと昔から暮らしていたかのよう

渡辺さん夫妻が家を持つのは、ここで3軒目だ。最初は都内のマンション。そのころはハワイが好きで、度々旅行をしていた。2軒目は神奈川県逗子市のマンション。海好きが高じてオーシャンビューの住戸を購入。どの場所でも暮らしを楽しんできた夫妻だが、ついに3軒目で「いつかは一戸建てに」の思いを実現することに。それがこの慎ましくも伸びやかな平屋だ。「家自体は小さいのですが、一日籠もっていても息が詰まることはありませんね。庭もあるし、まわりが１８０度開けているからでしょうか」（妻）。

天井板と間仕切り壁を外してつくったＬＤＫに光が満ち、窓の外を緑が飾る。購入時は築47年と、古民家というよりごく一般的な住宅。むき出しにした梁も特別に立派なものではないが、丸太の素朴さがあたたかい。天井や柱を白く塗装して古びた部材を限定的に見せるバランスは、夫妻が現場で工務店の担当者と相談しながら決めていった。東面の上部に新設したステンドグラスのようなガラス窓は、朝の光を導くために妻が発案。洋風のイメージが強まり、外観にも個性を与えている。

最初から「古家のリノベーション」を狙ったのは、費用をマンションの売却益で賄うことを想定し、相対的にコストを抑えられる現実的なチョイスだったから。と同時に好みに基づく判

左／靴用のオープン棚と扉付きの収納をつくった玄関。右／洗面室から正面奥に玄関を見る。左の壁は飾る場所に。

断も大きかった。「二人とも新築のピカピカした感じより、古くて少し〝やれた〟感じが好きで。過去に住んだマンションはピカピカで、なんとなく気恥ずかしさのようなものを覚えていました」（夫）。

海に親しむ暮らしを手放したくなかったので、逗子葉山のエリア内で物件を検討した。ここはやや内陸側で海からは離れるが、鎌倉に出やすいなど立地条件は悪くない。一番気に入ったのは、二面を道路に接したひな壇状の敷地環境で、南・東・北の三方向が開放されていること。妻は内見時の印象を振り返る。「雨戸を開けると日が差し込んで、パーンと開けた明るい感じ。空き家の期間もきちんと管理されていて、荒れた様子がなかったのも好感がもてました」。

だが問題もあった。当時住んでいたマンションは70㎡台と、二人暮らしには十分な広さ。ところがこの古家は50㎡台でマンションよりかなり小さい。また、敷地内に駐車スペースを確保できるかが気がかりだった。駐車スペースは、内見に同行してくれた設計担当者がその場で実測し、古いブロック塀を壊せばギリギリ確保できることがわかった。室内の広さについては、10㎡までなら建築確認申請なしで増築が可能だという。そこで、6畳ひと間の増築を想定した概算見積もりを出してもらい、予算内に収まる見通しが立ったところで購入に踏み切った。「内見

左／テレビボードは壁付け。照明は長く愛用のアメリカン・ビンテージ。右／ヘッドボードにちょい置き用の棚も造作。

は、リノベーションの総合的な知識があるプロと一緒に行くのが正解ですね」（妻）。

マンション暮らしに慣れていた妻は、戸建ての寒さが心配だった。そこで床・壁・天井には新たに断熱材を入れ、庭に面した南側の窓は断熱性の高い樹脂サッシに交換した。「とにかく明るくしたかったので、既製サッシの中でも一番大きいサイズのものを入れてもらいました」。日当たりのよさから、冬も日中は暖房がいらないほど。平屋でコンパクトな家なので、夏場のエアコンの効きもいい。

増築部分の寝室は、リビングとは雰囲気を変えた。高さを抑え気味にした天井を板張りにすると、籠もり感が安眠を誘う空間になった。増築部分で庭を囲むことで、庭とテラスのプライベート感が増したこともプラスの要素だ。

入居時点でピカピカの気恥ずかしさがなく、何年も前からこうだったかのような親しみを覚えたのは、やはり時を重ねた建物の力だろう。ほかにもうれしかったのが、「地域とのつながりを感じられること」と妻。「街の一員という感覚が生まれたのが、すごくよかったんです。隣や向かいの方や、犬の散歩中に会う方との会話が増えて」。オーシャンビューを捨ててまで手にした古い家に、今まで知らなかった安心感や喜びを教えてもらっている。

上／高窓からの光で明るい洗面室。カウンターはモルタル塗り。下をオープンな棚として、バスケットなどで雑貨を収納。
中／バスルームは在来工法で、タイル張りのぜいたくな空間に。コストバランスにメリハリを効かせてこだわりを実現した。
下／トイレの床はタイル。アクセントウォールのポップな差し色が効果的で、ドアを開けた時楽しい気分を味わえる。

CASE NO. 12

祖父が愛した家を
楽しみながら育てる。
家にかける手間も
贅沢という価値に変えて

古家を託され、マイホームを新築すべきか悩んだ5年間。
古さをカッコよさに変えるリノベーションとの出会いから
祖父が建てた家への思いを受け止め、
自分たちなりの暮らしの楽しみを見出す。

（福島県　磯部邸）

大谷石を張ったアイランドキッチン。背面上部は壁下地を露出させたままとし、祖父が掻いた木舞を見せている

上／外壁もきれいにやり直した。2階バルコニーの板張り部分はスギ板張りの上に塗装。白い部分はモルタル左官下地の上白左官仕上げ。
中／立派な木製の玄関引き戸は新たに製作したもの。腰から下は、スギ板押し縁張りに塗装。
下／新たに仕立て直した明るい雑木の庭。ベンチを置いてアウトドアで過ごす時間も楽しむ。

いていた縦格子はカットして、見
た目を軽やかに。

2階の床板裏を露出させて天井を高くしたダイニングとリビング。障子を開けると縁側や玄関までつながる。コンクリートブロックや有孔ボードなどハードな印象の素材を導入し、仏製フィリップスのビンテージ照明を添えてインダストリアルにまとめた。ダイニングのテーブル・椅子はイルマリ・タピオヴァーラ

上／リビングからキッチンを見たところ。ソファはジョージ・ネルソン、コーヒーテーブルとチェストはアラン・リシャール。和の空間ながら洋家具も似合う。
右下／キッチンのカップボードには、選び抜かれた調理器具が並ぶ。露出した木舞にはアートのような生々しい迫力がある。断熱・気密といった性能面より、手仕事の価値を見せることを優先させた。
左下／合板で組んだ台にステンレスの天板を載せたシンプルな造作キッチン。大きな鍋やゴミ箱もすっきりと収まった。

立派な梁や壁の木舞に負けない素材として、大谷石を腰壁にあしらった。ハードに見える換気扇のダクトもインダストリアルな雰囲気づくりに一役買っている。

上／明るい縁側は休日に朝ごはんを食べたり、本を読んだりと、多目的に使う自由な場所。明るいので観葉植物の置き場所としてもいい環境。スギ板の床は赤みがかったオイルで塗装。
下／２階寝室のペンダント照明は各15kgあるフランスのアンティークで、露出させた梁に直付け。障子は既存のものを生かした。壁際の椅子はトリニダード・チェア。

BEFORE

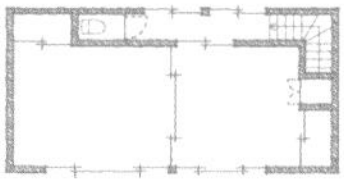

2F

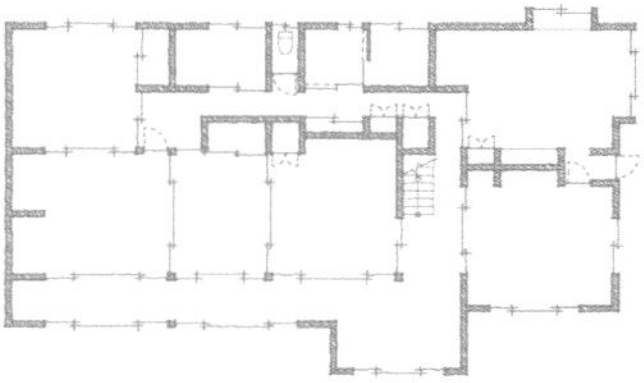

1F

CASE NO. **12**

磯部邸

延床面積：190.00㎡

1階：113.00㎡ 2階：41.00㎡

家族構成：夫婦＋子1人

建築年：1981年

改修竣工：2021年

設計：宮田一彦アトリエ

施工：五十嵐工務店

AFTER

キッチン横の個室にはデスクを造作して、書斎に。キッチンからすぐ声掛けができる場所で見守りやすいので、将来的には子ども部屋にする予定。

三間続きの和室をまとめ、ワンルームのLDKに。既存の廊下や押入れも取り入れて24畳の大空間としつつ、中央に腰壁を設けてLとDを分けた。

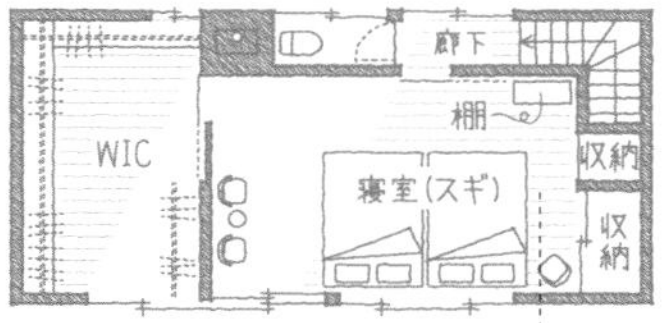

2F

和室の続き間だった2階は、寝室とウォークインクロゼットに組み換え。天井板を撤去して小屋裏を見せ、既存障子の再生利用で断熱性を確保。

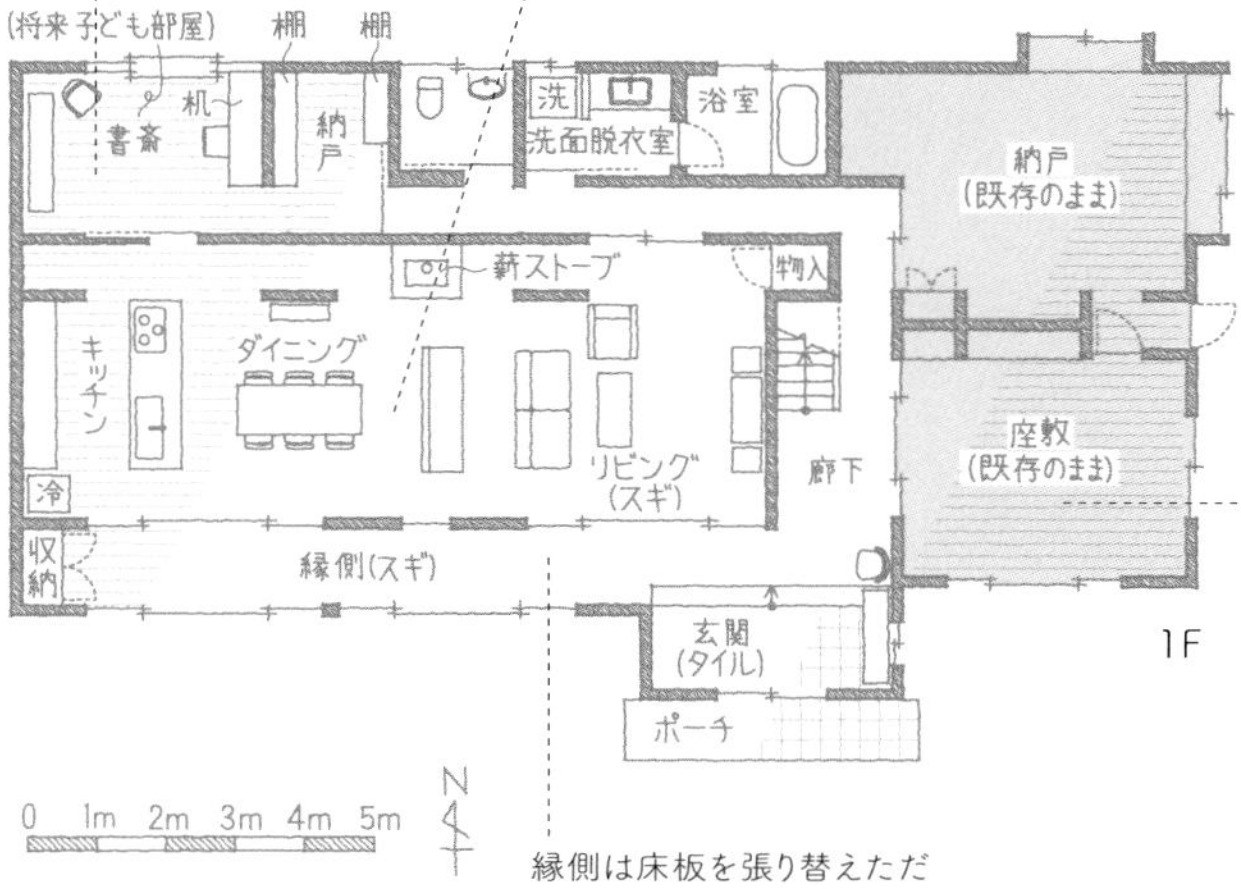

東南角にある代々の仏壇を備えた座敷には手を付けず、祖父母の思い出とともにそのまま残すことに。かえって非日常的な新鮮さを感じられる。

縁側は床板を張り替えただけでそのまま使用。ゆとりのスペースであり、外部との間の緩衝空間となっている。障子を閉めれば冷暖房の効率がアップ。

グレー部分はリノベーション対象外

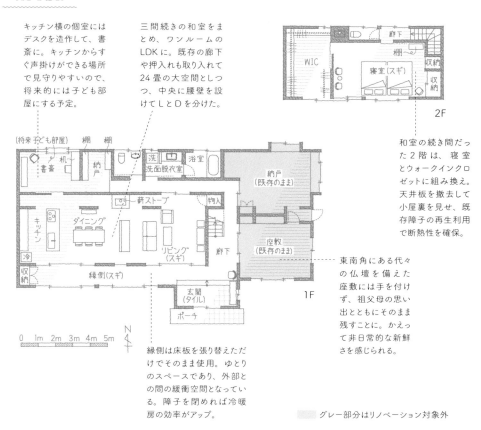

家だけでなく、暮らし方も祖父から父、娘へとつながる。

立派な自然素材に
ハードな家具で
スパイスを効かせて

磯部さんの家には、仏壇と神棚が置かれた立派な座敷がある。祖父が遺した家であり、「おじいちゃんがいた部屋だから大切にしよう」と夫は考えた。「小さい時から『この家を頼むぞ』みたいなことは言われていて。学生の頃はピンとこなくて、あ、そうなんだ、というぐらいでした」。大学生の時、祖父は亡くなり、その後は少し離れた場所で暮らす母が毎日のように通い、風を通すなどの手入れをしていた。

家について真剣に検討を始めたのは、結婚してからのこと。祖父の家のことは気になりつつ、新築の方が暮らしやすいかもしれないという妻の意見もあり、住宅会社の展示場も見学した。しかし、釈然としないものを感じて5年ほど悩んだという。そんなとき、古家のリノベーションを多く手掛ける建築家・宮田一彦さんのSNSに出会い、探していたものを見つけたような気がして胸が高鳴った。「宮田さんがつくる、単なる復元ではなく古さを生かした空間がカッコよくて、漠然と思い描いていた家はこれだと腹落ちしました。祖父の家は築40年程度で古民家といえるほどの歴史はないけれど、つくり手の思いが込められた昔ながらの建て方。小さい頃から見てきたし、立派な木などの自然素材が使われています。デザインの力でもう一度輝かせることができるなら、こんな幸せなことはないなと」。

左／座敷にはケヤキの家具や神棚、仏壇が。
右／玄関には古い和家具とタピオヴァーラの椅子、アフリカのスツール。

リノベーションでは、ゆったりした広さを求めて間取りの組み換えを行った。東側の台所と座敷には手を付けず、西側の三間続きの和室と押入れ部分をつなげてＬＤＫに。天井板を抜いて2階の床裏を見せたところ、高さのある大空間になった。日当たりのいい縁側はそのまま生かし、室内と庭とをつなぐバッファーゾーンに。冬、障子を閉めれば薪ストーブの暖房効果も上がる。中央部には新たに壁をつくり、縁側への開放度をほどよく調整して耐震を補強した。また、ダイニングとリビングの間に腰高の壁を立てて緩やかに区切ったことで、大きな空間が単調にならず、場所ごとに居心地のよさが備わっている。

キッチンの背面には、意図的に土壁の下地を露出させたままの部分がある。「祖父は味噌や醤油、ほうきまで何でも自分でつくる人でしたから、きっとこの木舞（壁の下地として縦横に組んだ竹や細木。）も自分で掻いたんだと思うんです。そういう暮らし方って、昔は当たり前だったのかもしれないけど、そこに込められた思いを、私なりに受け止めていきたいと感じました」。

迫力のある空間や梁の存在感に負けないよう、木質やコンクリート、大谷石やステンレスなど、新たに加えた建材も力強い質感を持つ生の素材が選ばれている。そうした空間にビンテージ家具を合わせることに、夫は夢中だ。天井の高さがあるからこそ生きる、巨大なフランスのペンダント照明や、ビンテージ

左／ダイニングの和家具はpejite益子で購入。
右／壁はラワン合板＋押し縁。収納扉は古建具。フロアライトはジェルデ。

ファンなら垂涎もののチェストや椅子など、枚挙にいとまがないほど。しかし、リノベーションを経験するまで、そうしたものにはいっさい興味を持ったことがなかったという。「ビンテージ家具をはじめ、古いものの魅力、もの選びの基準、暮らしとの向き合い方など多くのことを家づくりの過程で学びました。それらをこの家でどう表現できるか、これからが楽しみでしかたありません」。5年の歳月を経てたどり着いた今のかたち。家の成長とともに、自分たちなりの暮らしの楽しみを見出し始めているところだ。

当初は断熱性や気密性などの機能面を重視し、古家のリノベーションに不安を抱いていた妻も、今では違った考えに着地しているようだ。「新建材を多く使う新築や新しく見せるようなリフォームでは、一番きれいなのは完成直後で、その先は古びたり汚れたりしていくだけかもしれませんが、元々の古さを生かすリノベーションなら、より古くなっていくことが楽しみになるんです」。

ふだんの掃除や冬に備えた薪の準備など、昔ながらの家の暮らしに手間がかかることは確か。しかし、大変さを感じるとき、夫は手仕事をいとわなかった祖父に思いを馳せる。「自然に寄り添って、不便なことも楽しみながら暮らす。それがこの家に住む豊かさなんだろうなと思います」。

上／デスクを造作した北西角の部屋。キッチンから洗面所などの水まわりへ抜ける裏動線にもなっている。
中／2階の寝室の奥にあるウォークインクロゼット。棚はコンテナボックスのサイズに合わせて制作。ひと目で見渡せる合理的な衣類収納。
下／洗面カウンター下の建具は、サイズの合う古建具が見つけられなかったので、新たにつくった障子戸。

CASE NO. 13

住み継ぐ意味を
わが子へと受け渡す
手をかけた家づくりと
工夫を重ねる暮らし

山深い別荘地の古家を見出し、
自らの手を動かし、あるものを生かす。
「日本の文化を子の世代につなぎたい」
ちょっと壮大な、でもずっと温めてきた想いを
この家なら日常に織り込んでいける。

（京都府　S邸）

モルタルづくりのキッチン。カウンター下の木部はラワン。古さと新しさが出会うことで、露出した屋根裏の野地板も魅力的に見える。

上／キッチンとリビングを合わせて 15 畳。小上がりの高さは 38cm。広い方ではないが、ダイニングテーブルをキッチン、リビングの両面から使えるようにしたことでスペースが節約でき、ゆったりくつろげる空間に。壁はカチオン系下地調整材。ひび割れしにくく、そのまま仕上げ材として使用している。
下／「価値あるものの中で育ってほしい」という願いが込められた家。木材の耳（外周部）を利用したテーブルは toolbox で購入したもの。素朴な味わいが古民家になじむ。ペンダント照明は flame。

上／シンプルな玄関に、アンティークの家具や額に入れたポスター、真ちゅうの壁付け照明を合わせて、ギャラリーのような非日常的な空間に。グレーの壁は自分たちで塗った。

下／土間の全長は、9m以上と長い。その長さと天井の高さで、視覚的な広がりを感じることができる。左奥の玄関と生活スペースを隔てる壁の手前にはハンガーパイプを付けて、出かけるときに必要な鞄や帽子、上着などを掛ける場所に。階段まわりをグレー、階段の壁を白に塗り分けたことで2階からの光が増幅されメリハリがついた。

CASE NO. **13**

S邸

延床面積：97.2㎡

1階：66.8㎡ 2階：30.4㎡

家族構成：夫婦＋子１人

建築年：1930年ころ

改修竣工：2020年

設計・施工：SCHOOL BUS空間設計

BEFORE

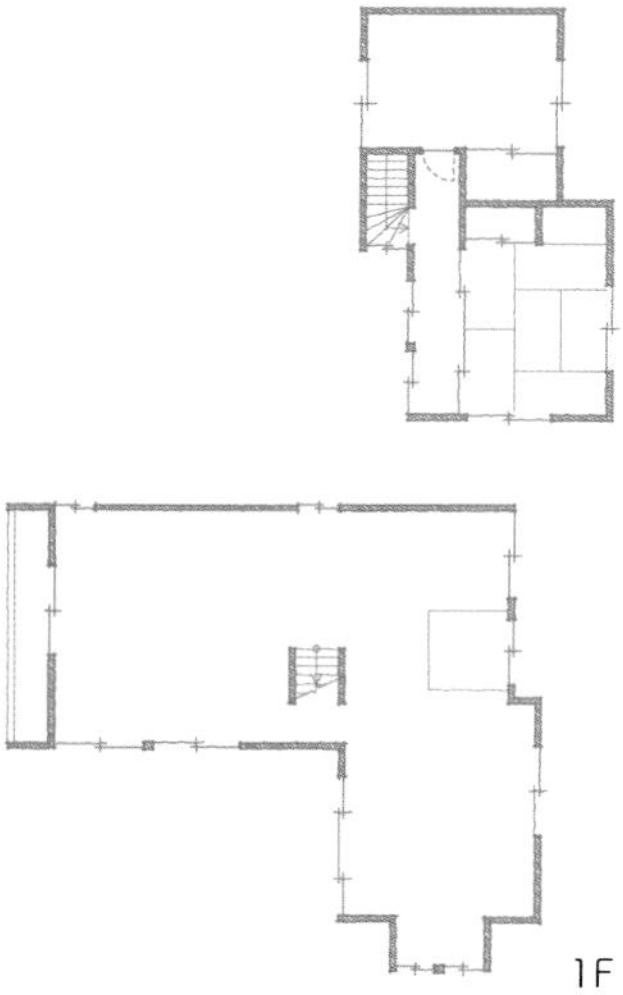

2F

1F

AFTER

玄関からつながる土間は、薪ストーブの置き場所にもなっている。モルタルの床なので掃除がしやすく外から薪を運び入れるのも簡単。

廊下と和室、押入れを合わせて寝室に。明るい窓際に洗面ボウル付きの化粧カウンターを造作。ベッドとの間に上がオープンの壁を立てて緩く仕切った。

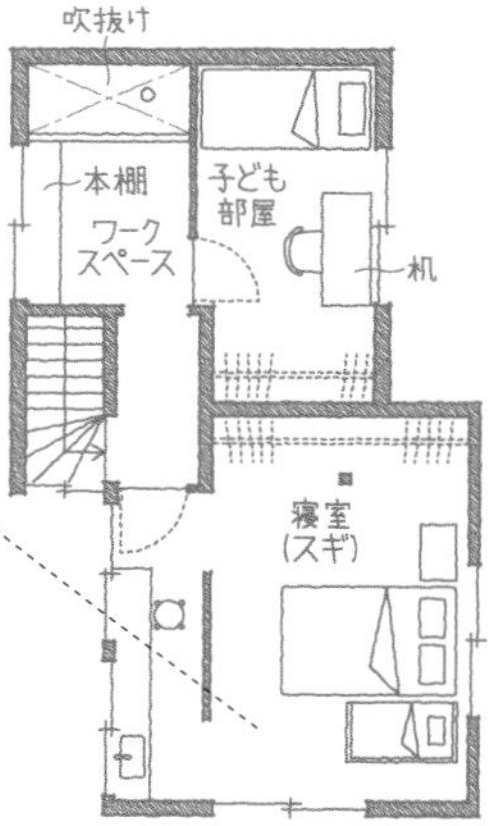

2F

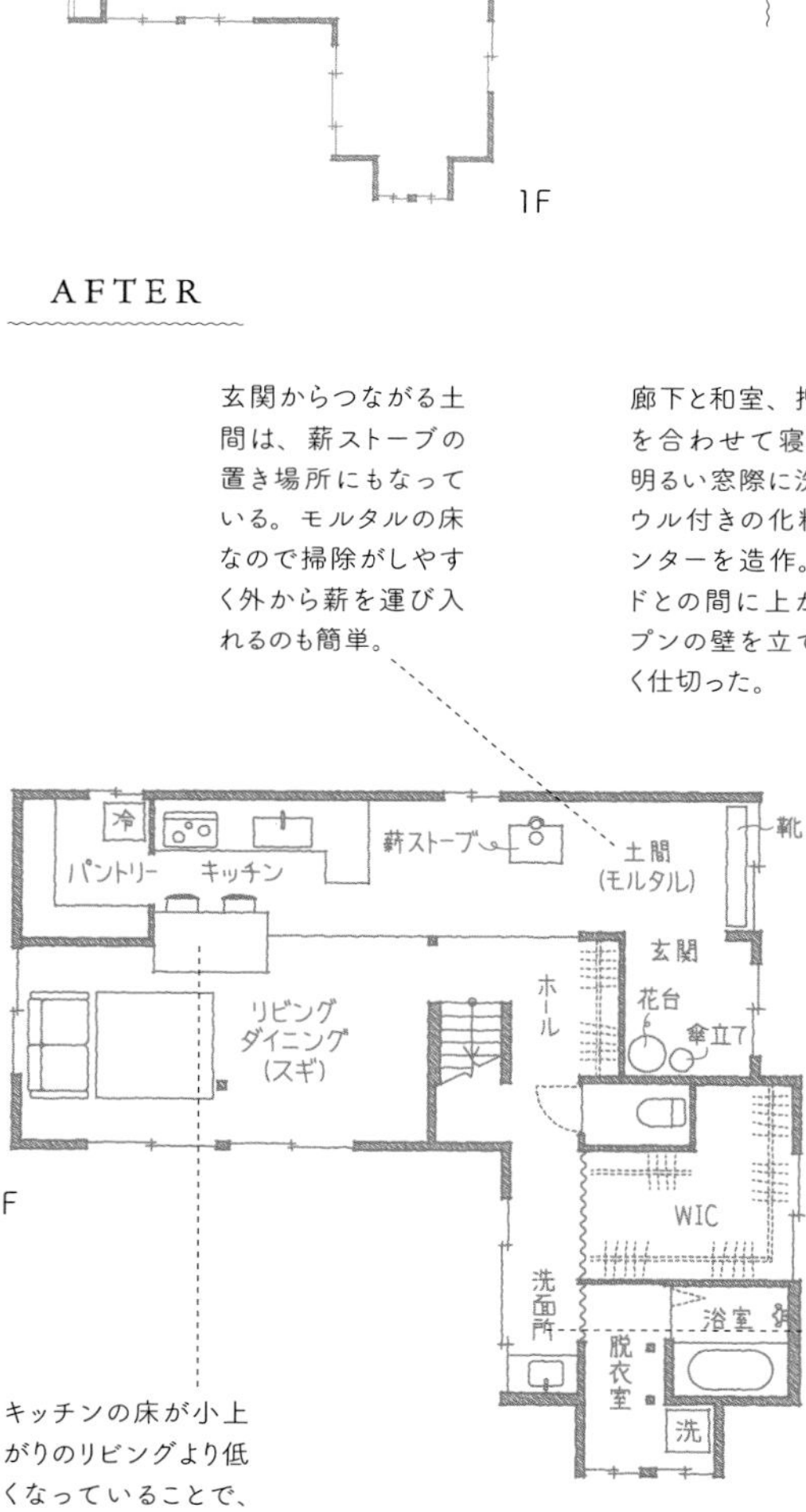

1F

明るい縁側の突き当りを洗面コーナーに。庭を見ながら気持ちよく朝の身支度ができる。脱衣室やクロゼットとも仕切りなくつながっていて便利。

キッチンの床が小上がりのリビングより低くなっていることで、キッチンに立つ人とリビングに座る人の目線が合いやすく、圧迫感を感じない。

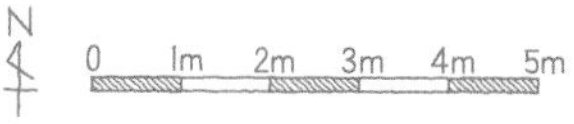

知人がつくってくれたレトロでファンキーな看板が目印。

念願の薪ストーブを入れられた2年目。次には何を加えよう

最寄り駅からＳさんの家へと続く坂道は古い神社の参道で、緑濃い山道の風情。美味しい空気を吸いながら上っていくと、歳月を感じさせる住宅地が現れる。その中の一軒がＳさん宅だ。聞けば、アーティストなど著名人の別宅も多いらしく、隠れた人気スポットなのかもしれない。「市内に近くて、自然を感じられるところ」を基準に古民家を探した夫妻。絶えず聞こえる鳥のさえずりの心地よさが、物件選びの決め手になった。

台形に近い敷地に、L字型の間取り。古民家を専門に扱う不動産会社を経て購入した段階で、１階はスケルトン化されていたそう。リノベーションはSCHOOL BUS空間設計に依頼した。

玄関を入ると、正面の白い壁に花入れが飾られ、額入りのポスターやアンティークの花台が絵になるコーナーをつくっている。奥へと連なる土間に導かれ、薪ストーブを右手に見ながら進むと、モルタルづくりのキッチンがある。最も暗くなりそうなキッチンの上部には天窓が。差し込む光は内見時の印象に残り、生かしたいと思った部分だ。

左手には小上がりのリビングと小さな庭。ダイニングテーブルはキッチン側では椅子を使い、リビング側からは小上がりの

左／薪ストーブはネスター・マーティン S43。ストーブの背面は古い壁で、一部にレンガ積みの様子が見えている。
右／土間の余白スペースには気に入りのポスターを。

縁に腰掛けて使う。決して広いわけではないが、スペースを効率的に使えるよう考えられた間取りだ。玄関左側の一翼には長く明るい廊下が伸び、突き当りに洗面コーナーが見える。トイレ、洗面、浴室、ウォークインクロゼットがひとつにまとまり、ゆとりを感じさせるユーティリティゾーンになっている。

「古家のリノベーションなら、手頃な予算でマイホームが手に入るかも」という当初の目論見は、少し甘かったのかもしれない。立地のよさから物件価格も思ったより高額で、古い配管の交換などに予想外の出費も生じることに。しかし、限りある予算のなかで、設計士からの提案には最大限自分たちの要望が盛り込まれており、オーバー分は手を動かすことで、使い勝手のよさや伸びやかさのある住まいを実現できた。広いウォークインクロゼットに扉を付けないアイデアには少し驚いたが、辛子色のカーテンを下げるとダークトーンの室内に華やぎが加わり、古びた天井が引き立つお気に入りの場所になっている。

照明器具や衛生機器、スイッチプレートといった好みの小物類を自分たちで購入し、取り付けてもらった。夫がコロナ禍で出勤できない時期、はからずも得た時間を壁や床の塗装に費やした。仕上げの一部を自主施工にしたことも、よき思い出。手をかけたからこそ、ひとつひとつの物や場所に感じる愛着は、ひとしお濃いと言える。

左／階段下スペースにはアーチ型を用いて、遊び心あふれるニッチに。
右／真ちゅう製のスイッチプレートは FUTAGAMI で購入。

「室内のコーディネートは妻のセンスに任せていますが、一緒に調べたりしているうちに僕も興味が湧いてきて」と、いつの間にかインテリアに詳しくなった夫。妻が古民家をリノベーションして住みたいと言い出した時、すんなり合意したのには背景がある。

関東出身の夫は、古都の魅力に誘われて京都の老舗旅館に就職。築１１０年の建物で日々働いている。「あるものを生かし、残していこうという、持続可能性を求める世界的な流れに共感する部分があって。日本文化を守るというとおおげさですが、生まれたばかりの息子をこういう家で育てることで、自分たちなりにその魅力を教えてやりたいなと。この子が将来海外に出たときに、アイデンティティを語れるように」。

引っ越してから二回目の冬。新婚旅行で訪れたアメリカで暖炉の魅力に触れて以来、念願だった薪ストーブを設置した。最初は扱いにくく思うように暖を取れなかったが、今年はもっと上手くやれる自信がある。「ちょっと不便だけど、アナログ的な安心感がありますね。古い家も今どきの気密住宅と違ってアナログ的で、暑さ寒さにこまめに対応する必要があります。それを楽しんで暮らせるなら、いい環境です」と言う夫に、「工夫しながら暮らすのが楽しいのよね」と言葉を添える妻。ちょっとした不便さが、暮らしの「手応え」になっている。

上／三畳半ほどあるクローゼットは、ハンガーパイプだけ付けてオープンに。「出入りしやすいし、空気も淀まないので気に入っています」（妻）。

下／２階の寝室。壁・天井の白塗りは、ひび割れしにくい外壁用塗料のベルアート。化粧コーナーとベッドとの間に、テレビを取り付けられる壁を立てると、窓の多い部屋に落ち着きが出た。

CASE NO. 14

畳や木の温もりとモルタル土間の「余白」がくれる子育てのゆとり

田舎暮らしに憧れて移住した先で、
自然に囲まれた環境で子育てがしたいと、
山と川に近い築20年の一軒家を購入。
好きな観葉植物を置けるモルタル土間のモダンさと
昔ながらの日本間のコントラストを楽しむ。

（神奈川県　水谷邸）

玄関に入ると、奥までモルタル土間のホールが続く。胴貫穴の残る柱や、ラワン合板の木目のラフさが水谷さん好み。好きなアートを飾れるゆとりがうれしい。

ホールの奥にはダイニング・キッチン。ホールは特に用途を持たない「余白」のスペースで、テラスに出してある鉢植えを、冬になったら並べる予定。

上／和室の引き戸を閉めると、和の要素が消えてよりモダンな印象に。冬は暖房の範囲が狭まり、暖かく過ごせる。
下／引き戸を開けて和室とつなげると、古民家の土間のような雰囲気。畳の縁に腰掛けて過ごすのもいい。和室の砂壁は、自分たちで上から漆喰塗料を塗って白く。

繊細な組子細工がほどこされた欄間を、夫は一目見るなり気に入って、そのまま使い続けることに。直線的なデザインなので、手を加えてモダンになったホールとも違和感なく共存している。

上／2階は間仕切り壁を取り払い、階段・廊下と東南の二部屋をつないでリビングに。突き当りは妻がリモートワークをするときのワークスペース。1階とは床の色味を変えたくて、赤みのあるアピトンを採用。

下／上の写真の逆方向から見たリビング。子どもの遊び場になっているほか、左手奥にはソファがあり、壁にプロジェクターで写してテレビや映画を見ることも。

上／明るい窓辺にキッチンを寄せて、ダイニングを広くとった。オールステンレスのシステムキッチンは北沢産業。ペンダント照明はアトリエリクタンで、スウェーデンのヴィンテージ。直径53cmの大きさも、部屋が広いから程よく感じる。庭寄りの一部の床をタイル張りにしたのは、ここにも鉢植えを置けるように。
右／ダイニングに置かれた北欧ビンテージのキャビネット。家を持つことで、その場しのぎではなく、価値のある家具をそろえようという意識に切り替わった。

上／２階の北側にある細長い部屋は、内見のときから夫が自分の仕事部屋にすると決めていた。壁を自分で白くペイントしただけだが、しっかり個室をキープできたので仕事部屋としては十分満足。
中／階段ホールには家族共有の大きな書棚を造作した。露出させた梁や柱を、妻は白く塗りつぶす、夫は木肌のままと意見が別れた。「とりあえず塗らずに様子を見ようということになり、妻も気に入ったのでこのままになりそうです」。
下／寝室は壁をペイントするだけにとどめ、コスト削減。入居後に自分たちでフローリング材を購入し、敷き詰めた。それだけでもかなり印象が変わり、気に入っている。

BEFORE

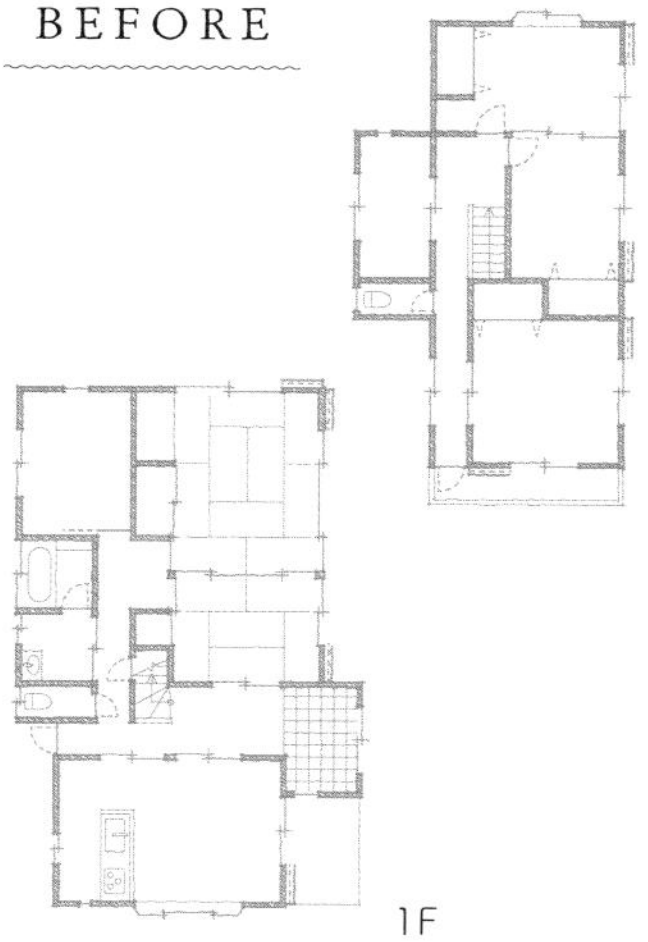

2F

1F

CASE NO. **14**

水谷邸

延床面積：146.24㎡

1階：88.41㎡　2階：57.83㎡

家族構成：夫婦＋子1人

建築年：2000年

改修竣工：2022年

設計：内田雄介設計室

施工：市丸工務店

AFTER

つくりがよくきれいだった和室は、砂壁に漆喰塗料を上塗りしただけで、和風を生かしそのまま使うことに。ホールとのコントラストに新鮮味がある。

元は二間だったが、壁を取り払ってつなげ多目的なリビングに。天井も取り払って小屋裏を見せたので伸び伸びした空間になった。

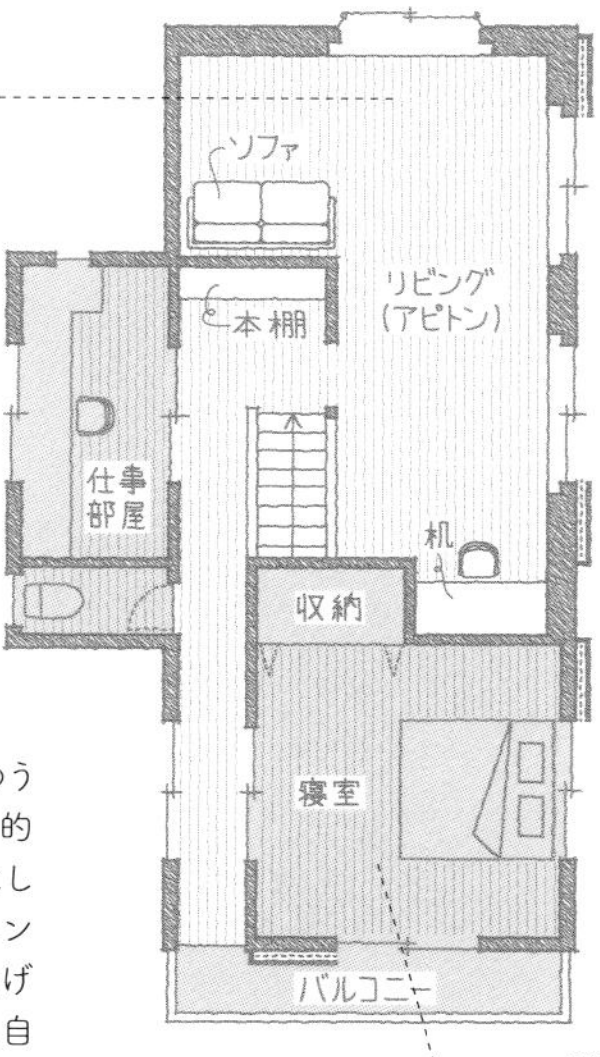

2F

二間あった和室のうちのひとつを多目的な土間のホールにして、玄関やダイニング・キッチンとつなげた。何をやるのも自由な余白のスペース。

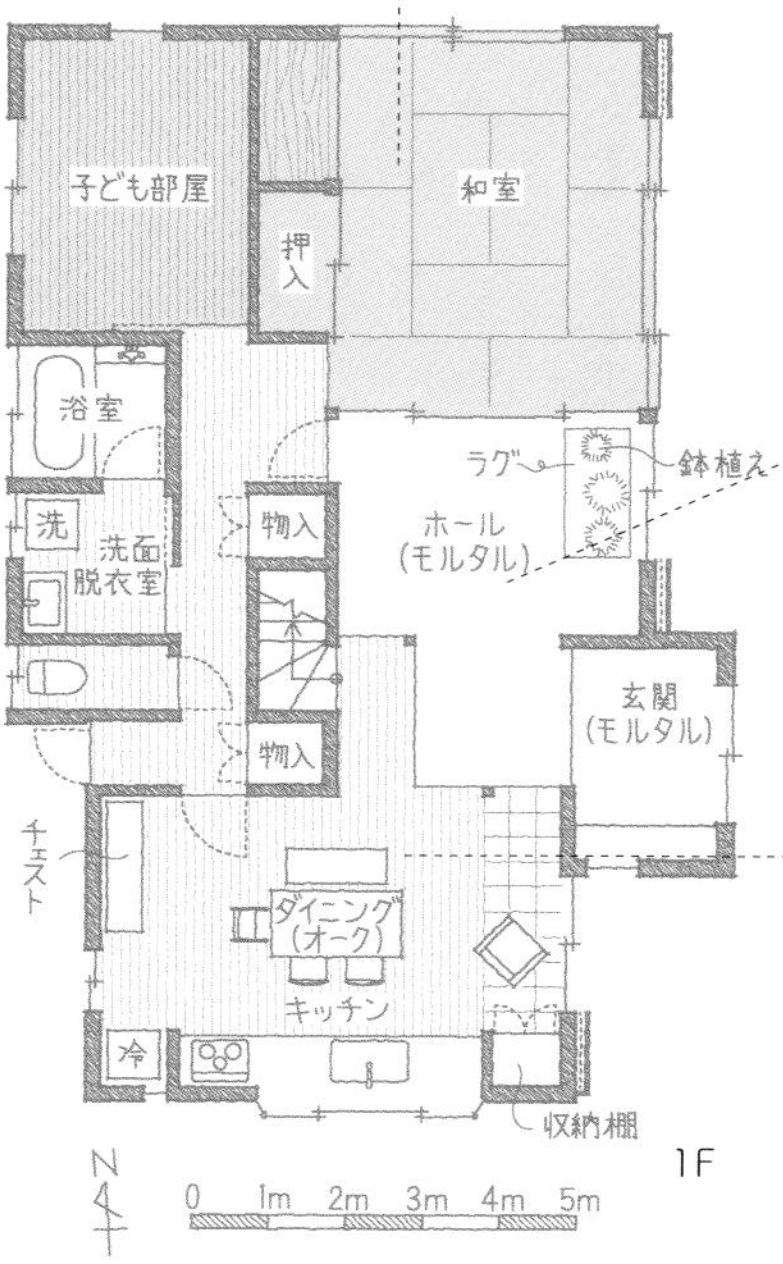

1F

キッチンを明るい南側の窓に寄せた。玄関と、階段裏の洗面脱衣室、両方にアクセスしやすい。観葉植物用に庭側の一部をタイル張りに。

コスト削減のため寝室は壁をペイントしたのみ。引っ越してから自分たちで無垢の床材を張り、気に入った家具を置いて快適性をアップさせた。

グレー部分はリノベーション対象外

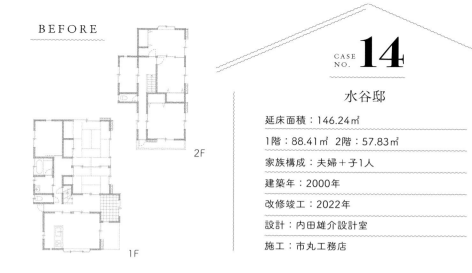

庭も広々。隣に建つ小屋も所有し倉庫に使用している。

緑に囲まれ せせらぎの音が響く 大好きな家で暮らす喜び

聞こえるのは、家のすぐそばにある清流から響くせせらぎの音と、鳥の声だけ。ここは神奈川県相模原市。クリエイターが多く住む藤野地区に近く移住者も増えているが、ここは街から外れた山の中で、まわりの家との距離感もほどよい。玄関を入ると、広いモルタル床の土間ホールが現れ、ラワンベニヤの壁と相まってモダンな印象だ。しかし右手には、懐かしさを覚えるようなオーソドックスな和室がある。そのコントラストが、新旧が入り交じるリノベーションの個性と魅力を訴えかけてくる。

水谷さん夫妻が家を持つきっかけは、田舎暮らしを夢見て移住したこと。最初は駅から徒歩圏内の賃貸集合住宅に住んでいたが、妻の妊娠をきっかけにより広い部屋に引っ越そうと物件を探した。そこで浮上したのが、中古戸建ての購入という選択肢だった。

「あの頃はまだ定住を決めきれていなくて、一軒家を買うという考えもなかったんですが、この家を見たことで暮らしのイメージが湧いてきて、心が動きました」と妻。広さにゆとりがあって築20年と築浅。庭でも沢でも子どもを遊ばせることができる。なんといっても目の前の山の景色をなにひとつ邪魔するものがないのが気に入った。

左／多肉植物を育てるのは夫の趣味。「アパートでは増やせなかったのでうれしい」。
右／家のすぐそばを清流が流れる。娘はまもなくひとりで遊べるようになるだろう。

「そのままでも住めそうな状態だったので、リノベーションするかどうかは正直悩んだんです。そのとき夫が『わざわざこういう場所に住むのだから、帰ってきたくなるような、好みの空間にした方がいいんじゃないか』って」。

延床面積44坪のうち、30坪程度にリノベーションの範囲を絞ってコストを調整。壁が板張りで素朴な雰囲気だった内装は、白い漆喰や塗装でシンプルに。二間続きだった和室のひとつと玄関ホールを統合して、夫が好きな観葉植物をたくさん置ける土間ホールに変更した。

キッチンは対面式から明るい窓向きにして、伸びやかな空間のつながりをつくった。「くつろげる場所が、いくつもあるのがいいんです。子どもが寝た後、その日の気分で好きな場所を選んでのんびりしています」。妻は生活の変化をそう話す。

立派な床の間付きの10畳の和室には手をつけず、そのまま使うことにした。「欄間の格子もすごく好きなので、残したいと思いました」と夫。

「畳の部屋があると、晩ごはんの後にちょっと子どもと遊んだり、お客さんが泊まる部屋になったりして、とても便利です。ただ、冬は冷えるので頻繁に使うことはありません。引き戸を閉めて空間を切り離すことで土間の暖房効率が上がるので、助かります」。自在に広げたり縮めたりできる日本間のフレキシビリ

左／子育て中、安心して寝っ転がったり腹ばいになれる畳の部屋は、何かと便利。
右／無垢の木の柱の感触を、体に染み込ませながら育つ。

ティは、引き継いで正解だったと言えそうだ。

引越し後、妻は家具を熱心に選ぶようになったという。「借家住まいの時はどうせ引っ越すのだから、大きい家具を買っても重荷になるだけ、という考えがあって。でも長く住むことが前提になると、多少値段が高くてもいいものを、という感覚になるので、選び方がすごく変わりました。家をもっとよくしたい、みたいな欲も出てきますし」。

夫も最近、部屋を飾るものに興味を持つようになった。「古道具屋さんでいろんなカゴを買ってくるのが趣味みたいになっています。飾れる空間ができたので、そういうことを思いきりできるようになりましたね。室内に置く観葉植物も、たくさん買いたくなります」。

夫妻がここに住み始めて以降、周辺への移住希望者は増えているが、この集落に物件が出ることは稀で、自分たちが購入できたタイミングのよさを幸運だったと感じる日々。

実は、夫妻両方の親たちは全員、定住には反対だったという。しかし今では孫の顔を見に来ては和室に寝泊まりし、庭につくった菜園の手入れに勤しみ、近くの温泉をリゾート気分で楽しんでくれているという。この家は、街暮らしの親たちが「帰って来たい」と思うような、ふるさとに似た存在になったのかもしれない。

「娘が大きな声を上げても、家中走り回っても近所迷惑にならないので、私たちもゆったりした気持ちで過ごせます」と妻。最初の夏をクーラーなしで過ごすことができたのも、よかったことのひとつ。

古家リノベーション成功のために知ってほしいこと

建築家の湯谷紘介さん・麻衣さんに、自宅のリノベーションを通して得た成功に導くためのポイントや考え方、注意点をうかがいました。（P220～222は編集部調べ）

古家リノベーションのメリット

新築より低コストにできる

古家リノベーションの最大のメリットは、新築より安く広い家や、駅に近い、環境がいいなど立地のいい家を取得することができることでしょう。また、気に入った家具にお金をかけ、内装材にグレードの高いものを導入すれば、空間への愛着が高まり、大切に住んでいこうという思いが生まれます。

今ではもう生産できない上質な建具や木材などが、オマケでついてくるのも古家の面白さ。天井や壁の裏に隠れていて解体の時に表れた古い柱や梁を、そのままインテリアに生かしたりできるのも、ワクワクする部分です。遊び心でつくり手とともに過程を楽しめたら、住んでからもいい思い出として残ります。

庭や自然と近い暮らし

わが家の場合は庭を手に入れられたのも利点でした。歳月を経て大きく育った庭木や庭石などの立派な造園資材があり、少し手を入れて好みの庭に仕立て直すと、満足のいく眺めを室内からも楽しめるようになりました。外構にはかなりの費用がかかるため、大幅に節約できたのはラッキーでした。ただ、まったく趣味の合わない庭で、すべてつくりかえるとなるとコストがかさむため、かえってデメリットになることもあります。

社会的な観点からいえば、日本の空き家問題。社会資源としての古家を有効に活用することで、問題の解消に多少なりとも貢献できることは、意義のあることではないでしょうか。

デメリットも知った上で考えよう

物件はタイミング次第

古家を購入する場合、希望条件に合う物件に、タイミングよく出会えるとは限りません。子どもの就学やアパートの更新時期に引っ越しを合わせたいなどの条件があると、納得のいく物件に出会えない可能性もあります。

間取りや性能には制限が

間取りは既存のものを元に考えざるを得ないので、縛りは多くなります。ただ、元々住んでいる家をリノベーションする場合は、不便や不満を改善して生活の質を上げることができます。

古い家は耐震性や断熱・機密性に乏しいので、リノベーションで完璧にすることは難しく、内容により工事費が新築以上にかかることも。特に、建築基準法が現行の耐震基準に改正された１９８１（昭和56）年以前の建物は耐震性が脆弱です。耐震工事費用は築年数や劣化具合などで変わりますが、一般的に２００万円前後かかります。

洗面、浴室、キッチンなどの水まわり設備は、新品でも15年〜20年が寿命。リノベーション時の更新が必要になるケースがほとんどでしょう。また、新築よりもメンテナンスにお金や手間がかかるという側面はあります。わが家の場合、外壁には手を付けなかったので、早い時期にメンテナンスを迫られるかもしれません。

施工は実績のある工務店に

古家のリノベーションでは解体してから問題点に気づき、その場で即興的に対応策を考えることも。思わぬアクシデントに直面した時はくよくよせずに、ポジティブに発想していくことが大切です。

施工を任せる工務店は、リノベーションの実績が豊富な会社が安心。古民家の場合は、特に慣れた工務店のほうが対応力に期待できます。数社相見積もりを取るケースが一般的ですが、建築家に設計を依頼する場合は協働した経験や信頼関係もコストや仕上がりに影響してくると思うので、一概にはいえません。

浴室まわりのシロアリ被害は壁を壊してからわかった。

この工事、する？しない？考え方の軸を持とう

まずはライフプランを考えよう

リノベーションには無限の選択肢が広がっています。「どういう暮らしがしたいか」「いつまで住む予定か」「今、働いているなら、将来退職して違うところに引っ越す可能性は？」「あと20年住むのか、40年住むのか」「将来のリセールを想定するか」などによって、どこにどれだけコストをかけるべきかが変ります。

例えば、耐震工事において、現行の建築基準法上の耐震基準1.0（数百年に一度程度起こる震度6強クラスの地震でも倒壊はしないが、住み続けることは想定外）に近づける考え方で、わが家の場合は２００万円ほどかかりました。外壁や屋根をやり直すとなると足場を組む必要が生じ、コストが３００〜４００万円と大きくアップしたでしょう。

雨漏りも見られなかったため、屋根も外壁も目視確認するだけにとどめて工事費用を抑えましたが、近い将来メンテナンスが必要になるかもしれません。

いつ、どこまでリノベするか

前項でも触れましたが、水まわりなどの設備の寿命は20年がいいところ。既存のものが比較的新しければ継続して使用するのもありですが、早晩交換の時期が来るならリノベーション時に更新しておくのがベターです。わが家の場合、既存のキッチンは使おうと思えば使える感じではありましたが、先々を考えて交換しました。住みながらのリフォームの負担を考えると、思い切って替えておいて正解でした。

Before：内見時のキッチンの様子。古いなりに使い続けられる感じではあったが、思い切って交換することに。

After：イケアのキッチン素材を購入しDIYで組み立てた。選択できたグレーの引き出し幕板は内装の色味とバッチリ。手前に見える木部の天板のみ工務店に施工をお願いした。

物件選びで気をつけたいこと

内見はプロにも同行してもらう

物件選びにおいて一番重要な目安は、１９８１年以前に建てられた旧耐震の建物か、それ以降に建てられた新耐震の建物かです。旧耐震の建物は耐震補強にかかるコストが大きくかかるため、不動産会社に建築確認の申請時期を確認してもらうといいでしょう。また、ハザードマップによる浸水地域かどうかの事前チェックも、必須項目といえます。

それらをクリアした上で、内見はプロと一緒にすることをおすすめします。例えば、水まわりの位置変更は、その建物が下水に繋がっているのか、それとも浄化槽のままなのか、浄化槽ならその古さも工事内容に関わります。

内見時のチェックポイント

内見時は、その場所特有の風通しや湿気、床下のシロアリ被害、設備配管や電気配線、外壁の傷み具合もプロのチェックを受けて。一般的に配管は更新した方がよく、古い電気配線も火事のリスクがあるためやり替えます。近隣の住人に台風被害の有無を尋ねてみるのもいいですね。

わが家では浴室まわりの木材にシロアリ被害があり、柱が半分ほどなくなって宙に浮いている状態でした。壁をはがすまでわかりませんでしたが、現況を受け入れる契約内容だったので致し方ありませんでした。

契約前に確認したいこと

建築年代により今は禁止されているアスベスト入りの建材が使用されている可能性があり、注意が必要。アスベストは１９５５年頃から屋根材、壁材、間仕切り材、床材、天井材等に使われ、住宅では少ないが皆無ではありません。使用されていたら将来の解体処分費が高くなるので、契約前に仲介会社に確認しましょう。

不動産会社から急かされるような場面こそ、広い視野をもった判断を。そのために、設計事務所や工務店に相談し、同行を依頼しましょう。有料のホームインスペクションを利用する方法もあり、古民家に特化したインスペクションをしてくれるところもあります。

もうひとつ、物件選びを大きく左右する項目として、将来その家を引き継ぐ人がいるかどうか、があります。新築に比べると古家は寿命が見えています。自分たちの老後の住み替え後や亡くなったときに子が売りに出すとしたら、その土地には価値があるのか。そこまで見据えておく必要はあるだろうと考えます。

間取りの変えやすさは既存の構法による

木造軸組み構造の場合、ツーバイフォーなどの壁式構造より比較的間取り変更の自由度は高くなります。間仕切りを撤去して広い空間にするケースが多いと思いますが、現状ある壁を外したり柱を抜いたりすると耐震性はマイナスに。他の部分で補強する必要があり、コストはアップします。それでも、生活の質が向上するならメリットは大きいといえるので、まずは望んでいる暮らしのイメージを設計者に伝えてみましょう。

鉄骨造の建物は柱と梁で構造をもたせるラーメン構造が基本なので、柱と柱の間の壁は抜きやすく、間取り変更の自由度は高いといえます。RC（鉄筋コンクリート）造の場合、ラーメン構造か壁でもたせる壁式構造かによって違い、壁式構造では壁を外すことはできないので間取りの自由度は低くなります。

また、構造の種類に関わらず、ハウスメーカーの建物は「認定構法」で建てられているため、構造体を変更することができず、自由度は低くなります。

Before：間取り変更検討中のスケッチ。解体を進めて状況を確認しながら現場で考えていった。赤で描いた部分に小上がりを新設。

After：小上がりを設けたことで空間に変化が生まれ、たくさんの居場所をつくることができた。

雰囲気を一新する内装のコツ

室内の雰囲気を変えるのに、もっともインパクトが大きいのは壁の色や素材を変えることです。元々白い内装に白を塗り重ねても変化は小さいですが、少し色味を変えるとぐっと雰囲気が変わり、自分たちのものになったという感覚になれると思います。わが家ではブルーがかったグレーの塗装に統一しました。

ニュアンスのある質感や調湿などの効果を期待して、珪藻土や漆喰による塗替えも人気。既存クロスに上塗りできる製品もあります。施工費はクロスの張替えより割高で、面積が広いとコストを押し上げる要因になるので注意を。

また、壁と同じくらい変化を感じられるのは床材です。無垢材は体が直接触れる場所だけに快適さが持続し、経年変化の楽しみも生まれます。敷居や段差が残ってしまうのを気にしなければ、既存床に上張りする方法がもっとも簡単で低コストです。さらに、サッシの交換や内窓の設置で窓まわりの見た目を変えるのも効果的です。

また、一カ所でもいいので、こだわりの材料を使うのもおすすめ。わが家ではリビングと縁側空間に奮発してポーターズペイントを採用し、パテ処理から塗装まで自分たちで行いました。ＤＩＹはコスト削減が目的ですが、手をかけることで愛着も増します。

Before：既存はダイニングがカーペット敷きだったが、掃除のしづらさなどのデメリットを改善したかった。

After：カーペットを剥がし、合板の上に 15mm 厚のヒノキ材を敷いた。和室だったリビング（写真手前）との間の段差も解消し、見た目もすっきり。

命を守る耐震性の向上は優先順位の上位に

「物件選び」の項でも触れましたが、建築基準法が緩かった時代に建てられたものは現代の住宅に比べ耐震性が低いのが弱点です。しっかりと補強しておいた方が安全に暮らせますし、リセールもしやすくなります。ただし、高い耐震性を求める場合は、工事費が高くなり間取りの制限も増えるので、どこまでやるべきかは工務店や建築士などの専門家と相談した上で、見極めが必要になります。

　特に、基礎は家を支える重要な部分。わが家もそうでしたが、年代によっては基礎のコンクリートに鉄筋が入っていないケースがあり、鉄筋入りに比べ強度が劣ります。こうした基礎はすべてを補強するのがベストですが、わが家ではひび割れの見つかった部位だけを補強するにとどめました。その代わり木造部分はがっちりと補強して、もし大地震で基礎が割れたとしても上が崩れないようにする考え方で、工事費を抑えました。ただし、どうしても耐力壁（構造を担う壁）を新たにつくる必要がある場合は、その部分だけ型枠を組んで基礎を新設する方法もあります。

　地方自治体によっては、耐震性を向上させる工事に補助金があるので確認を。補助金を受ける場合、申請期間に縛りがあったり、必要書類の提出、報告義務などの事務手続きが多かったりします。一度、工務店や建築士に聞いてみるといいでしょう。

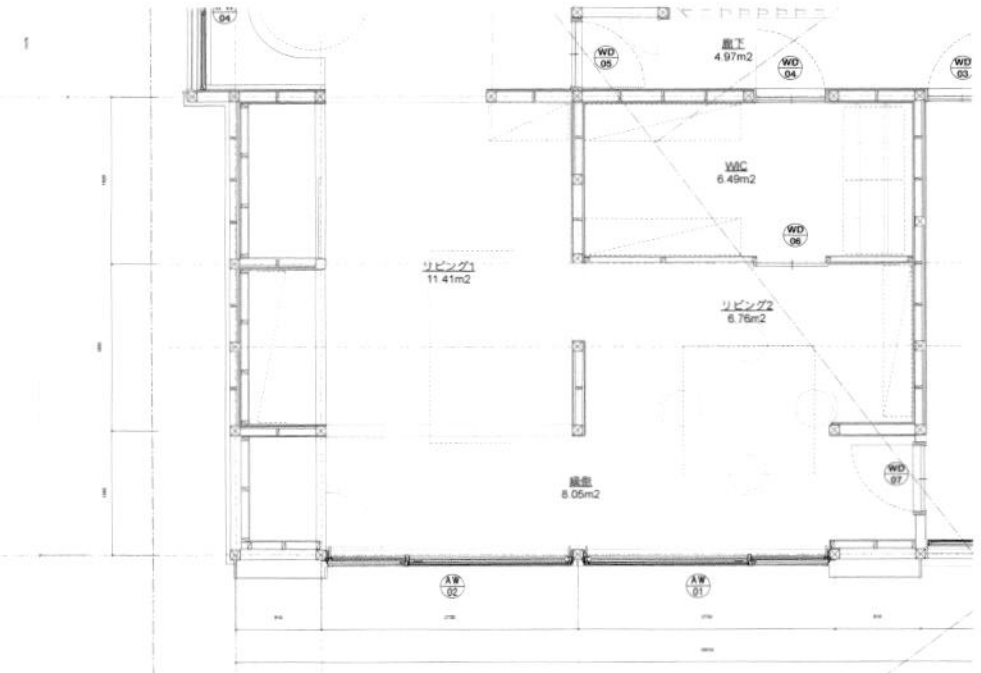

図面上でバランスを見ながら、耐震補強をする壁を検討（ピンク色の部分を補強）。構造計算で地震の揺れによる影響をシミュレーションすることもできる。

新たに壁に筋交いを入れて耐力壁をつくる。

住み心地を左右する断熱性の向上

断熱性については、どの程度の性能を求めるかによって何をどうするかが変わります。

例えば、古いままのよさを生かしたいと思うのであれば、現代の家のような高断熱・高気密は求めにくく、できたとしてもコストが高くつきます。

私たちの場合は、前に住んでいた借家も古い建物で断熱材が入っていませんでした。そのため冬はとても寒く夏はものすごく暑かったので、せっかく家を購入するのであれば、ある程度快適な温熱環境にしたいという思いがありました。

そこで、ＬＤＫや個室などの居室、結露によるカビが見られた北側の水まわり部分は、サッシを交換したり内窓を付けたりしました。また、２階屋根裏の体が入る部分と、新しく床組をした１階の床下には断熱材を入れました。廊下や玄関など、生活空間でない場所はそのままとしています。

断熱性能の大部分は窓で決まり、その次は、屋根、床、壁の順となります。窓からの熱損失は全体の５～７割と大きいので、アルミサッシではなくアルミと樹脂の複合サッシ、または樹脂サッシにするだけでも、性能は大きくアップします。ただし、サッシの交換は、外壁まわりもいじることになるので工事費がアップすることも。内窓を付ける方法は比較的簡単ですが、窓の開け閉めの手間が倍になるという生活面での支障は生じます。

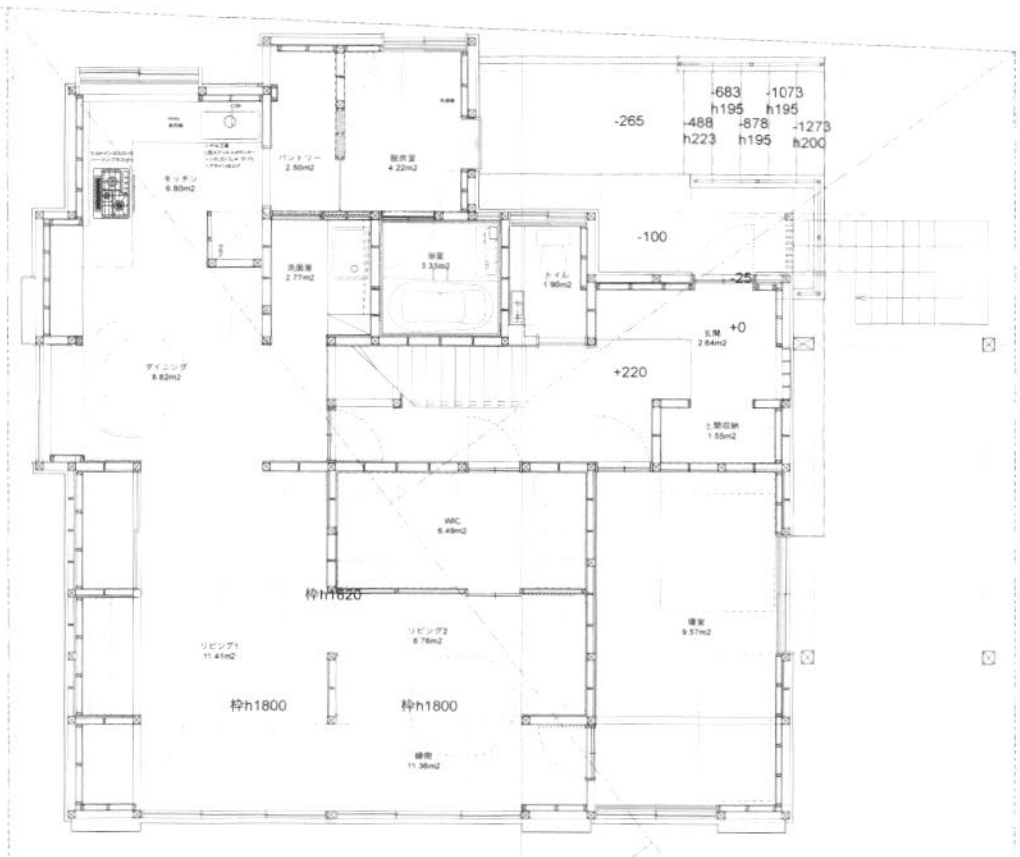

初期案の平面図。生活エリアの窓には内窓（オレンジ色の部分）を付けて断熱性を向上。結露によるカビを抑えるのにも効果的。

元から増築されていて外壁まわりもいじりやすかった縁側の掃き出し窓は樹脂サッシに交換した。インテリアへの馴染みがよくなっただけでなく、断熱性の向上で窓付近の暑さ・寒さが軽減。快適に過ごせるようになった。

住宅ローンの利用と必要な手元資金

リノベーションにも使える住宅ローンがある

中古住宅の購入やリノベーションにも住宅ローンが使えます。ただし、金融機関によっては審査で築年数を重視するところもあり、希望額を借りられなかったり、築年数に上限を設けている場合もあるので注意が必要です。築年数の上限がない場合でも、物件の担保評価額が低くなれば借入れ可能金額が希望に満たない可能性も。また、建物が一定の要件を満たしていることが求められ、建築士などの専門家による審査で適合と認められた証明書を、金融機関に提出しなければなりません。

中古住宅の購入費用とリフォーム費用の両方を一体型で借りられる住宅ローンでは、仮審査の申し込みに工事の見積書などが必要なのも覚えておいて。中古住宅の購入申し込みから住宅ローンの仮審査までは、時間的余裕がない場合がほとんど。物件探しの段階から設計士や施工会社と連携しておくとスムーズです。

購入時の費用を念頭に自己資金も準備しよう

ローンを組む前に支払う諸費用があり、手元資金を用意しておくことは必須。まず、中古物件を購入する際には、手付金を払う必要があります。手付金とは、不動産の売買契約を結ぶ際に購入を約束したと証明するために支払うお金で、目安は物件価格の5～10％。他に手元資金からの支払いが必要となる諸費用としては、仲介手数料、保証料（保証人がいない場合）、火災保険料、ローンの事務手数料、固定資産税などの税金、登記費用、印紙代など。合計すると物件価格の6～10％で数百万円になることも。手付金と諸費用を合わせて、物件価格の10～20％ほどの現金は用意しておくべきでしょう。

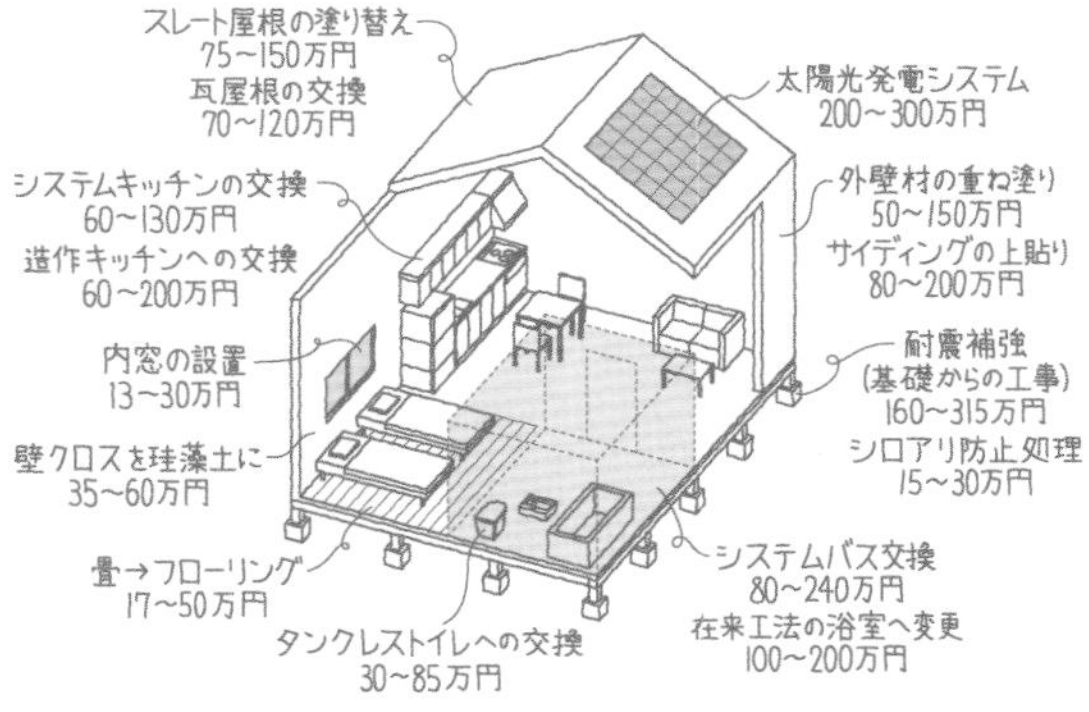

リフォームにかかる費用の目安。あくまで参考値であり、住宅の状況や工事内容によって振れ幅は大きくなる。

国や自治体の支援策を賢く利用しよう

住宅ローン減税を受けよう

住宅ローン減税は、既存住宅取得でも受けられるので、利用しない手はありません。これは「年末の住宅ローン残高×0.7％」を所得税から10年間控除できるというもの。ただし、満たさなければならない要件がいくつかあります。

・床面積が50㎡以上であること
・住宅の引き渡し、または工事の完了から６カ月以内に自らが住むこと
・住宅ローンの返済期間が10年以上であること
・借入限度額が３０００万円以下であること（長期優良住宅の場合。その他は２０００万円以下）など
（「令和４年度税制改正大綱」によると、２０２２年１月～２０２５年12月までの期間に入居した場合に適用可）。

また、控除を受けられる建物の築年数には上限（耐火建築物以外の場合は築年数20年以内）があり、耐震基準適合証明書または建設住宅性能評価書、既存住宅売買瑕疵保険付保証明書で地震に係る基準に適合すると証明する必要があるなど、いくつかハードルがあります。

参考：国土交通省「住宅ローン減税制度について」

工事内容により税制優遇が受けられる

耐震や省エネ、バリアフリーなど特定のリフォーム工事を行う場合、入居した年の所得税の控除が受けられます。どちらもリフォーム工事完了の翌年に確定申告を行う必要があります。

また、一定の省エネ改修工事を行った場合は、工事翌年度分の固定資産税額から３分の１が減額されます。

参考：国土交通省「省エネ改修に係る所得税額の特別控除」（適用期間：令和4年1月1日～令和5年12月31日）「省エネ改修に係る固定資産税の減額措置」（適用期間：平成20年4月1日～令和6年3月31日）

できるなら利用したい贈与税非課税枠

住宅購入資金として父母や祖父母から贈与を受ける場合、贈与税に非課税枠が設けられているので、物件購入の際にぜひ利用を。これは、「住宅取得等資金の非課税措置」という制度で（注：適用される期間は２０２３（令和５）年12月31日まで）、省エネ住宅など質の高い住宅では最高１０００万円ですが、「それ以外の住宅」に該当するような中古住宅でも、最高５００万円までの贈与が非課税に。ただし、「それ以外の住宅」であっても１９８２（昭和57）年以降に建築された「新耐震基準」適合住宅であることは必須

です。

なお、年１１０万円までの贈与税基礎控除との併用が可能なので、合わせて６１０万円が非課税になり、夫婦がそれぞれの親から贈与を受けて非課税枠を利用すると、最高１２２０万円となります。贈与も翌年に確定申告を行います。

身内にお金のことはなかなか聞きにくいものですが、いずれ相続税を払うのであれば子や孫のために使うほうがいいという考え方は、共有しやすいのではないでしょうか。機会を逃さず相談してみることをおすすめします。

参考：国土交通省「住宅取得等資金に係る贈与税の非課税措置」

リフォーム補助金制度を確認しよう

耐震性（耐震診断、補強工事など）、省エネ性（窓の断熱化、太陽光発電・高効率給湯器の設置、節水型トイレの交換など）、介護・バリアフリー性（手すりの設置など）の住宅性能を高めるリフォームには、国や自治体でさまざまな補助金が用意されています。また、一般のリフォームにも補助金を用意している自治体も。補助金制度を活用したい場合は、着工前に申請が必要です。補助金額や条件は各自治体により異なるため、リフォームをする際には、お住まいの地域の自治体窓口や工務店に確認してみましょう。

参考：環境省「環境省・経済産業省・国土交通省の連携による住宅の省エネ化の支援強化について」一般社団法人住宅リフォーム推進協議会「リフォームの減税制度」

※Ｐ２２１～２２２に掲載の情報は、２０２２年12月現在のものです。

☆印の写真／奥田正治、それ以外の写真提供／湯谷建築設計

設計者一覧

（掲載順）

宮田一彦アトリエ

宮田一彦
神奈川県鎌倉市山ノ内 1235-3
0467-84-7666
https://m-atelier.jp

P136 …… 林邸
P174 …… 磯部邸

N&C
一級建築士事務所

荻 逃魚＋梶山 英幸
神奈川県横浜市
金沢区寺前 1-18-37
050-3578-3878
https://naca-design.com

P150 …… K 邸

エンジョイワークス

神奈川県鎌倉市由比ガ浜1-3-1 2F
046-753-8583
https://enjoyworks.jp

P162 …… 渡辺邸

SCHOOL BUS空間設計

京都店
京都府京都市中京区
大文字町 244
0120-946-887
https://www.school-bus.jp

P188 …… S 邸

内田雄介設計室

内田雄介
東京都世田谷区上北沢4-33-21-326
03-5357-8745
http://u-architect.jp

P198 …… 水谷邸

熊澤安子建築設計室

熊澤安子
東京都杉並区宮前 3-17-10
03-3247-6017
https://www.yasukokumazawa.com

P70 …… 熊澤邸

ラブアーキテクチャー

浅利幸男
東京都世田谷区羽根木 2-5-21
アパートメント縁 205
03-6321-5380
http://www.lovearchitecture.co.jp

P86 …… H 邸

井上貴詞
建築設計事務所

井上貴詞
山形県山形市小姓町 1-37 2F
023-665-4865
https://takashiinoue.com

P100 …… 宮本邸

湯谷建築設計

湯谷紘介＋湯谷麻衣
三重県伊勢市吹上 1-3-22-2A
0596-72-8211
http://www.yutaniarchitects.com

P122 …… 湯谷邸

akimichi design

柴 秋路
東京都世田谷区北烏山 7-13-14
03-6322-4965
http://akimichi-design.com

P10 …… 原田邸

仁平 透

pejite
栃木県芳賀郡益子町益子973-6
http://www.pejite-mashiko.com
仁平古家具店
栃木県芳賀郡益子町益子3435
https://www.nihei-furukagu.com

P24 …… 仁平邸

masayuki takahashi
design studio

高橋真之
大阪府吹田市五月が丘東 2
ローズコーポ C 棟 401
https://www.masayukitakahashi.com

P42 …… 小菅邸

山縣武史建築設計

山縣武史
東京都杉並区高円寺南 2-3-2
岡田ビル 3F
03-3313-4103
http://www.t-yamagata.jp

P56 …… 山縣邸

時を重ねる家。

古い家を直して、育てる。あたたかな暮らし

2023年 1月30日 初版第一刷発行
2023年 4月10日 第二刷発行

発行者 ―――― 澤井聖一
発行所 ―――― 株式会社エクスナレッジ
〒106-0032
東京都港区六本木7-2-26
https://www.xknowledge.co.jp/
問い合わせ先 ―― 編集 TEL 03-3403-6796
FAX 03-3403-1345
info@xknowledge.co.jp
販売 TEL 03-3403-1321
FAX 03-3403-1829